Bobby Sands
Ein Tag in meinem Leben

Bobby Sands

Ein Tag in meinem Leben

aus dem Englischen von
Gabriele Haefs

mit einem Vorwort von
Friedensnobelpreisträger
Séan McBride

UNRAST

Die Deutsche Bibliothek – CIP-Einheitsaufnahme
Sands, Bobby:
Ein Tag in meinem Leben / Bobby Sand. Aus dem Engl.
von Gisela Haefs. – 1. Aufl. – Münster : Unrast, 1998
   (unrast reprint ; Bd. 3)
   Einheitssacht.: One day in my life <dt.>
   ISBN 3-928300-71-7

Sands – Ein Tag in meinem Leben
Erstveröffentlichung bei
© Mercier Press, Dublin/Cork, Irland
Bobby Sands – One Day in my Life, 1982
Deutsche Erstveröffentlichung: Hamburg 1985
aus dem Englischen von Gabriele Haefs 1985, überarbeitet 1998

1. *reprint*-Auflage, Oktober 1998
ISBN 3-928300-71-7
© UNRAST-Verlag, Münster
Postfach 8020, 48043 Münster – Tel. (0251) 66 62 93
Mitglied in der *assoziation Linker Verlage* (aLiVe)
Satz: UNRAST-Verlag
Druck: Rosch Buch, Scheßlitz

Einführung

von Seán MacBride, Friedensnobelpreisträger 1974

Ihr weisen Männer, löst mir dies Rätsel:
Was, wenn der Traum sich erfüllte?
Was, wenn der Traum sich erfüllte?
Und Millionen Ungeborener in dem Hause wohnten,
das ich in meinem Herzen geformt habe,
in dem edlen Hause meines Gedankens? ...
War es töricht oder ehrenhaft?
Nicht die Menschen sollen mich beurteilen, sondern Gott.

Pádraig MacPiarais[1]

Die folgenden Seiten sind ein menschlicher Bericht über Leiden, Entschlossenheit, Qual, Mut und Glauben. Sie schildern darüber hinaus entsetzliche Beispiele der Grausamkeit, mit der Menschen andere Menschen behandeln. Sie sind eine ehrliche, aber harte Lektüre.

Warum soll man sie veröffentlichen? Ist es wirklich nötig, sie zu lesen? In dieser Einführung werde ich versuchen, diese beiden Fragen zu beantworten.

Die Reaktionen auf den Hungerstreik und den Tod von Bobby Sands und seinen Kameraden[2] waren unterschiedlich

---

[1] Einer der Anführer des Osteraufstandes von 1916; nach dessen Niederschlagung von den Briten hingerichtet. Seine schillernde Persönlichkeit und seine Rolle während des Aufstandes in Dublin ist sehr schön beschrieben bei T. Ryle Dwyer: Michael Collins. Biografie; UNRAST Verlag, Münster 1997

[2] Francis Hughes, † 12.5.81; Raymond McCreesh u. Patsy O'Hara, † 21.5.81; Joe McDonnell, † 8.7.81; Martin Hurson, † 13.7.81; KevinLynch, † 1.8.81; KieranDoherty, † 3.8.81; ThomasMcElwee, † 8.8.81; Michael Devine, † 20.8.81.

und widersprüchlich. Dem britischen Establishment, das den Teil unseres Landes beherrscht, der »Nordirland« genannt wird, erschien es als Sieg einer willensstarken britischen Regierungschefin im Kampf gegen irische »Terroristen«. »Bei Gott, wir haben ihnen eine Lehre erteilt! Jetzt wissen sie, daß wir keine leeren Worte gebrauchen. Wir haben ihre Moral gebrochen!«

Für die IRA und ihre Anhänger war es ein Triumph des Mutes und der Ausdauer. Wenn noch ein Beweis dafür nötig gewesen wäre, daß sie ihre Kampagne der Gewalt fortsetzen wollen, bis Truppen und Verwaltung der Briten Nordirland verlassen haben, so wäre er hiermit erbracht worden. Ihr Kampf um eine Politik, die mehr auf Integrität und Mut beruht als auf dem, was Politiker und Juristen »Vernunft und gesunden Menschenverstand« nennen, erhielt moralischen Auftrieb.

Den meisten Iren erschien es als eine Tragödie, die ihre Herzen und ihr Gewissen zerriß. Viele mißbilligten die gewalttätigen Methoden der IRA, wenn sie auch ihren Zielen zustimmten.

Es gab allerdings auch Iren, die aufgrund einer Art von pervertiertem intellektuellen Snobismus den Gedanken an ein vereintes und freies Irland ablehnten. Es gab andere, die aus persönlichem Interesse noch immer dem britischen Einfluß auf Irland nachtrauerten. Es waren jedoch nur wenige, und die Mehrzahl der Mitglieder der Partei Fine Gael[3] zählte nicht zu ihnen. Zur Ehre des Fine Gael Fußvolkes muß gesagt werden, daß die meisten von ihnen vermutlich heute die Forderung nach einem vereinten Irland unterstützen und mit Bobby Sands sympathisiert haben. Die Partei Fianna Fail zeigte ihre Teilnahme offen; ebenso die Labour-Anhänger, mit Ausnahme von zwei oder drei anti-national eingestellten Abweichlern.

---

[3] Fine Gael: Die Partei, die 1921 den Vertrag, durch den Irland in einen Freistaat und in einen britischen Teil aufgeteilt wurde, unterstützte.

Jahrhunderte der Unterdrückung, Bestechung und Lüge haben bei manchen Iren zu einer gewissen Ambivalenz geführt, die man am Besten als »Sklavenmentalität« bezeichnen kann. Dadurch wird es schwierig, die wirkliche Meinung der Iren einzuschätzen.

Die Mehrzahl der normalen, anständigen Engländer hat kein besonderes Interesse an den Ereignissen in Irland. Ihre Kenntnisse der anglo-irischen Beziehungen sind minimal. Sie wurden dazu erzogen, die Iren für unmöglich und irrational, wenn auch amüsant und begabt zu halten. Was in Irland geschieht, ist ihnen völlig gleichgültig. Die Tatsache, daß die Teilung Irlands vom britischen Establishment geschaffen, dem Land aufgezwungen und von diesem Establishment aufrechterhalten worden ist, haben sie vergessen. Ihnen ist eingeredet worden, daß die Anwesenheit der Briten in Nordirland unumgänglich sei, weil »diese unmöglichen Iren sich sonst gegenseitig totschlagen würden«. Sie begreifen ihre Rolle als die eines ehrlichen Mittlers, der den Frieden auf dieser turbulenten Insel erhält. Sie übersehen und ignorieren das Leid, das den Iren im Laufe der britischen Eroberung und Besetzung Irlands zugefügt worden ist. Wenn es erwähnt wird, beschweren sie sich über unser langes Gedächtnis und fordern, daß wir die Vergangenheit vergessen sollen.

Von der brutalen Unterdrückung und der Ungerechtigkeit, unter denen Irland bis zum Vertrag von 1921 gelitten hat, wissen sie nichts und wollen sie auch nichts wissen. Ihnen ist nicht bewußt, daß der Vertrag, den sie den Iren mit ihrer Androhung eines »sofortigen und schrecklichen Krieges« aufgezwungen haben, in Irland einen Bürgerkrieg ausgelöst hat, der mehrere Jahre dauerte und jegliche normale politische Entwicklung verhinderte. Ihnen ist nicht bewußt, daß die aufgezwungene Teilung Irlands seit 1921 zu einem ununterbrochenen Bürgerkrieg in der Republik und in Nordirland geführt hat.

Tatsache ist jedenfalls, daß die Teilung Irlands durch die Briten gegen den Willen der überwältigenden Mehrheit der Iren zustande kam und seit über 60 Jahren Irlands Leben - im Norden wie im Süden - zerreißt. Sie hat tausende von irischen - und britischen - Leben gekostet. Irische Gefängnisse sind immer überfüllt. Mehrere hunderttausende Iren und Irinnen haben in den letzten sechzig Jahren wegen der Teilung in englischen und irischen Gefängnissen gesessen. Die normale Anwendung der Gesetze ist seit 1922 in beiden Landesteilen nicht möglich. Die Gesetzbücher enthalten jede denkbare Form einschränkender und repressiver Gesetze. Der normale Schutz der Menschenrechte durch das Gesetz ist so vielen Ausnahmen und Sonderbestimmungen unterworfen, daß wir den internationalen Standard nur mangelhaft halten können.

Schlimmer noch, immer wieder sind irische Regierungen in die völlig fatale Situation geraten, die Teilung zu rechtfertigen und zu verteidigen. Den irischen Regierungen fällt die Aufgabe zu, an einer Grenze, die für die Mehrheit der Iren inakzeptabel ist, Truppen zusammenzuziehen, um sie zu kontrollieren. Armee und Polizei müssen immer wieder verstärkt werden, um diese unerwünschte Grenze aufrechtzuerhalten. Irische Regierungen, die ja eigentlich die Teilung ablehnen, geraten dadurch ihren Wählern gegenüber in eine schwierige Situation, da sie ihre eigenen jungen Leute einkerkern und unterdrücken müssen, um die britische Herrschaft im Nord-Osten unseres Landes zu schützen. Die subversiven Organisationen profitieren natürlich von dieser Situation und werden von der jüngeren Generation unterstützt. Der Kreislauf von Gewalt und Repression eskaliert, die Autorität der Regierung, der Polizei und der Gerichte wird geschwächt. Die finanziellen Folgen dieser Situation sind unabsehbar; es ist - wahrscheinlich zu Recht - gesagt worden, daß die Kosten der Teilung (erhöhte Sicherheitsmaßnahmen, Gefängnisse, Sondergerichte, Entschädigungen, Sonderpolizei und Militär) zwanzig Prozent des gesamten Haushalts ausmachen.

In England gibt es eine Reihe von Personen, die sich der britischen Verantwortung bewußt sind und die versuchen, die

Folgen der Geschichte zu korrigieren. Einer von ihnen ist ein fahrender anglikanischer Theologe, Dr. John Austin Baker, Kaplan des Sprechers des britischen Unterhauses. In einer Predigt, die er während des Hungerstreiks in der Westminster Abbey hielt, sagte er:

»Keine britische Regierung darf je vergessen, daß dieser gefährliche Augenblick das Ergebnis einer Geschichte ist, für die hauptsächlich unser Land verantwortlich ist. England unterwarf Irland zu seinem eigenen militärischen Nutzen; es siedelte Protestanten an, um es strategisch sicher zu machen; es demütigte und unterdrückte die Iren und ihre katholische Religion. Und als es die ganze Insel nicht mehr halten konnte, hielt es einen Teil für die Nachkommen der protestantischen Siedler zurück, eine nicht lebensfähige Lösung, unter der die Protestanten ebenso gelitten haben wie die Katholiken.

Unsere Ungerechtigkeit hat diese Situation geschaffen; und wenn wir sie weiterhin aufrechterhalten, wie die Mehrheit es wünscht, hindern wir Protestanten und Katholiken daran, gemeinsam eine neue Zukunft zu erarbeiten. Das ist die Wurzel der Gewalt, und der Grund, warum sich die Protestierenden für politische Täter halten.«

In Nordirland wurden die normalen Gesetze abgeschafft und ein Polizei-Staat-Regime installiert. Da die Briten und ihre Anhänger in Nordirland fürchteten, die nationalistische Minderheit könnte schneller wachsen als die pro-britische Bevölkerung, die größtenteils protestantisch war, wurde ein System totaler Diskriminierung aufgebaut. Ziel dieses drakonischen Systems, das auf religiösen Anschauungen basierte, war, die Anzahl der Katholiken klein zu halten, indem man ihnen Arbeit und Wohnung verwehrte und das Heiraten erschwerte, um sie damit im Laufe der Zeit zur Auswanderung zu zwingen.

Arbeit und Beförderung innerhalb aller Laufbahnen waren Nicht-Katholiken vorbehalten. Anschlagtafeln an Fabriken verkündeten »Hier werden keine Katholiken eingestellt.«

Es war unvermeidlich, daß die heranwachsende Generation nicht mehr als Bürger dritter Klasse behandelt werden wollte. Unzufrieden und desillusioniert über die bestehenden politischen Parteien im Norden wie im Süden initiierten sie eine legale Bürgerrechtskampagne, die Beendigung der Diskriminierung, Einsetzung der bürgerlichen Rechte und politische Gleichberechtigung forderte. Dabei wurden sie von der Mehrheit der nationalistischen Bevölkerung im Norden und außerdem von der irischen Bevölkerung im Süden unterstützt. Bernadette Devlin McAliskey war eine ihrer Führerinnen und überflügelte die gemäßigteren Politiker. Das Aufkommen dieser neuen Bürgerrechtsbewegung hatte gewaltsame Repressionen durch die Polizei und die britische Armee zur Folge. Ihre Anhänger wurden verhaftet, interniert und systematischen Schikanen unterworfen. Ihre Veranstaltungen wurden von der Polizei gesprengt. Diese Entwicklung gipfelte im Mord an dreizehn Zivilisten durch britische Soldaten während einer legalen öffentlichen Demonstration in Derry City am 30. Januar 1972, heute als »Bloody Sunday« bekannt. Die durch die britischen Truppen ausgeübte Repression hatte zwei Folgen: Einerseits konsolidierte und vergrößerte sie die Unterstützung der Bürgerrechtsbewegung, andererseits führte sie dazu, daß sich junge Leute mehr und mehr der IRA und der Anwendung physischer Gewalt zuwandten. Die IRA nutzte diese Situation und wurde zur Beschützerin der katholischen Bevölkerung gegen die Übergriffe von Polizei und Militär. Die Methoden der britischen Truppen wurden immer unvertretbarer. Mit ausgeklügelten, aus England importierten Methoden wurden Gefangene systematisch gefoltert. Im Rahmen einer Klage, die die irische Regierung an die Europäische Kommission für Menschenrechte in Straßburg richtete, wurden diese Tatsachen offengelegt und verurteilt. Die Britische Regierung versicherte daraufhin, diese Methoden nunmehr zu unterlassen. Die IRA aber behauptet, diese Zusage sei nicht eingehalten worden, statt dessen werde heutzutage nur in größerer Heimlichkeit gefoltert.

Die IRA reagierte auf die zunehmende Unterdrückung ihrerseits mit einer verstärkten Eskalation des Guerillakrieges, in dessen Verlauf 628 Angehörige der britischen Armee getötet und 7.496 verwundet wurden. Im selben Zeitraum, August 1969 bis Juni 1981 wurden 1.496 Zivilisten getötet und 16.402 verwundet. Zusammengenommen wurden in diesem kleinen Gebiet in den letzten zehn Jahren 2.124 Menschen getötet und 23.898 verwundet. Derzeit gibt es in Nordirland etwa 1.300 politische Gefangene. Die britischen Behörden bezeichnen sie abwechselnd als »Terroristen« und als »Kriminelle«; die nationalistische Bevölkerung betrachtet sie als politische oder republikanische Gefangene.

Am 11. Juni 1981 waren in Nordirland 1.244 männliche Gefangene in britischen Gefängnissen für Vergehen inhaftiert, die die Briten als »terroristische Verbrechen« bezeichnen. Zur selben Zeit gab es außerdem noch etwa 50 weibliche Gefangene. Dabei darf nicht vergessen werden, daß keiner dieser Häftlinge in einem normalen Gerichtsverfahren verurteilt wurde. Sie wurden ohne Beisitz einer Jury von einem einzelnen Richter verurteilt. Diese Gerichtsverfahren werden »Diplock Courts« genannt. Diese »Diplock Courts« halten die normalen Vorschriften für Gerichtsverfahren nicht ein. 328 der ungefähr 1.300 politischen Häftlinge in Nordirland erhalten als politische Gefangene eine sogenannte »Sonderbehandlung«. Den übrigen ist diese »Sonderbehandlung« verwehrt worden, da von einem bestimmten Stichtag ab die britischen Behörden diesen Sonderstatus abgeschafft haben. Die Wiedereinführung der Sonderbehandlung war die Forderung der Hungerstreikenden in den H-Blocks von Long Kesh. Die Häftlinge präzisierten ihre Forderungen in fünf Punkten:
1. Das Recht, jederzeit eigene Kleidung tragen zu dürfen.
2. Keine Zwangsarbeit im Gefängnis.

Sie waren bereit, für die Reinigung und Instandhaltung des von ihnen belegten Gefängnisteils Sorge zu tragen. Sie baten

darum, daß Unterrichtszeiten bei der Festsetzung der von ihnen zu leistenden Arbeit berücksichtigt werden sollten.
3. Das Recht, während der Freistunden die anderen politischen Gefangenen treffen zu dürfen.
4. Das Recht auf einen Besuch, einen Brief oder ein Paket pro Woche; ebenso das Recht, Unterricht und Freizeitgestaltung eigenständig zu organisieren zu.
5. Das Recht auf Haftverkürzung, das normalerweise allen Häftlingen zusteht.

Die Häftlinge hielten den Entschluß der britischen Behörden, keine »Sonderbehandlung« mehr zu gewähren, für eine politische Entscheidung, die sie kriminalisieren sollte. Mehrere hundert von ihnen traten im September 1976 in den sogenannten »Decken-Streik«. Die Streikenden verweigerten das Tragen von Gefängniskleidung und hüllten sich stattdessen lediglich in Decken. Ab März 1978 verschärften sie diese Aktion durch einen Wasch-Streik. Im Oktober 1980 traten einige von ihnen in den Hungerstreik. Dieser Hungerstreik wurde am 18. Dezember 1980 aufgrund einer Übereinkunft beendet, die Kardinal Tomás Ó Fiaich und Bischof Daly vorgelegt hatten. Bei den Verhandlungen mit Ó Fiaich und Daly hatte die britische Regierung den Forderungen der Häftlinge zugestimmt, wollte das aber nicht als »Anerkennung ihres politischen Status« verstanden wissen. Dieser Vorbehalt wurde von den Gefangenen akzeptiert. Die britische Regierung weigerte sich aber nach Beendigung des Hungerstreiks, die von ihr akzeptierten Empfehlungen Kardinal Ó Fiaichs durchzuführen. Bei den Häftlingen erweckte das beträchtliche Bitterkeit und Mißtrauen. Sie fühlten, durch Täuschung zur Aufgabe des Hungerstreiks gebracht worden zu sein. Es schien ihnen, als habe sich die britische Regierung des Kardinals bedient, danach jedoch die Übereinkunft aufgekündigt.

Auch Kardinal Ó Fiaich und Bischof Daly fühlten sich von der britischen Regierung hintergangen. In dieser Atmosphäre begann am 1. März 1981 der zweite Hungerstreik. Diesmal jedoch waren die Gefangenen von Anfang an fest entschlossen, sich nicht noch einmal von der britischen Regierung übers Ohr hauen zu lassen. Sie verweigerten die Einschaltung von Mittlern. Sie betonten ihren festen Willen, den Hungerstreik als tödlichen Staffellauf solange fortzusetzen, bis die britische Regierung ihnen kategorisch die Erfüllung ihrer fünf Forderungen für alle jetzigen und zukünftigen Häftlinge garantiere.

Wohlmeinende Mittler, darunter irische Parlamentsabgeordnete, Vertreter der Europäischen Menschenrechtskommission, Mitglieder der irischen Kommission für Gerechtigkeit und Frieden und Abgesandte des Internationalen Roten Kreuzes, versuchten, zu vermitteln, aber die Haltung der britischen Regierung blieb unverändert:
»Wir können nicht akzeptieren, daß Vermittlung zwischen der Regierung und den verurteilten Häftlingen der richtige Weg sein kann, selbst wenn die Vermittler internationalen Organisationen von höchstem Rang angehören.«

Sie verweigerten ebenfalls direkte Verhandlungen mit den Gefangenen. Tatsächlich versuchte die britische Regierung, sich der Mittler zu bedienen, um die Entschlossenheit der Gefangenen zu brechen. Sie wollte Verhandlungen mit ihnen vermeiden, um nicht zu einer Umgestaltung der Gefängnisregeln verpflichtet zu werden. Die Gefangenen warfen ihr vor, ein zynisches Eckensteher-Spiel zu betreiben, indem sie einen Tod nach dem anderen abwartete und hoffte, um schließlich die Moral der übrigen Häftlinge zu brechen. Ein Interview, das Michael Alison, britischer Minister für Nordirland, in der britischen Botschaft in Washington gab, zeigte eine freimütige, wenn auch befremdende Sicht der Verhandlungen mit den Hungerstreikenden, die Verhandlungen kämen ihm vor wie»die

Bemühungen der Behörden, Flugzeugentführer zu beschäftigen, während Pläne zu ihrer Unterwerfung entwickelt werden.« *(Irish Times, 13. Juli 1981)*

Bobby Sands' Tod und das Zeugnis seiner Schriften sind lediglich ein Ausschnitt der grausamen Einmischung Großbritanniens in die Angelegenheiten der irischen Nation. Ich wünschte, es wäre möglich, die Verantwortlichen der britischen Politik in Irland zum Lesen dieses Buches zu verpflichten. Vielleicht würden sie dann langsam begreifen, welche tiefen Wunden ihre Politik diesem Land zugefügt hat, um zu versuchen, sie zu verändern.

Um mit dem irischen Regierungschef Charles Haughey zu sprechen: »Sechzig Jahre lang hat die Teilung nicht funktioniert, und das wird sich jetzt vermutlich nicht ändern.« Warum diese Situation nicht akzeptieren, um die anglo-irischen Beziehungen nicht noch weiter zu belasten?

Niemand in Irland wünscht die Diskriminierung oder die ungerechte Behandlung einer Minderheit, sei sie nun religiös oder politisch.

Ich bin sicher, daß ein vereintes föderalistisches Irland den Schutz jeglicher sich bedroht fühlender religiöser Minderheit garantieren könnte. Ich bin überzeugt, daß im Rahmen der Europäischen Konvention Sondermechanismen den verwaltungstechnischen und juristischen Schutz jeglicher Minderheit in einer föderierten Republik Irland sichern könnten.

Eine solche Lösung wird jedoch erst möglich werden, wenn Großbritannien endlich jeden Anspruch auf Herrschaft über irgendeinen Teil dieser Insel aufgibt.

Der Rückzug der britischen Truppen kann, falls notwendig, über mehrere Jahre verteilt werden. Wichtiger und dringlicher wäre die sofortige Einstellung der offenen und versteckten Aktionen des britischen Geheimdienstes in ganz Irland; diese sind im Augenblick alltäglich und eine ernste Gefahrenquelle. Die

Aktivitäten des britischen Geheimdienstes können die Lage nur erschweren und die ohnehin schon gespannten Beziehungen zwischen beiden Ländern verschlechtern.

Für den Fall, daß mein Vorwort zu diesen quälenden Seiten als schweigende Billigung der Gewaltanwendung ausgelegt werden sollte, möchte ich meine Haltung erklären. Ich lehne Gewalt ab. Während der Hungerstreiks habe ich deshalb an keiner H-Block-Aktion mitgewirkt, damit mir keine Zustimmung zur Gewaltanwendung unterstellt werden kann. Das war für mich ein schwerer Entschluß, denn die Provokation und Intoleranz der Briten, die in ihrer Politik dem Hungerstreik gegenüber zum Ausdruck kamen, waren mir nur zu bewußt. Ich habe den britischen Behörden meine Ansichten auf unmißverständliche Weise mitgeteilt, habe dies aber nicht öffentlich getan. Aufgrund der fortwährenden Tatsachenverdrehung, die die Briten in den USA betreiben, habe ich am 22. Juli 1981 in New York eine Rede unter der Schirmherrschaft des Amerikanischen Komitees für die Einheit Irlands gehalten, um die falschen Behauptungen richtigzustellen.

In ihrem eigenen Land und in Ländern, die sie nicht bewußt beherrschen wollen, sind die Briten vernünftig, fair und sogar liebenswürdig. In Gebieten allerdings, die sie als ihren Bereich betrachten, ist das anders. In Irland sind die britische Regierung und das britische Establishment schlichtweg unfähig zu Objektivität, Fairness oder Gerechtigkeit. Ein typisches Beispiel dafür wurde vor kurzem geliefert.

Seit einigen Jahren benutzen die britischen Truppen in Nordirland bedenkenlos Gummigeschosse. Sie haben mit der Harmlosigkeit dieser Geschosse argumentiert. Mehr als fünfzig Menschen - zumeist Kinder - sind in Nordirland von Plastik- oder Gummigeschossen getötet oder verstümmelt worden. Die Briten leugneten das und bestanden weiter auf deren Harmlosigkeit. Bei Ausbruch massiver Unruhen in Großbritannien bestand vor kurzem die Möglichkeit, die Polizei mit Gummigeschossen auszurüsten. Ein entsetzter britischer Innenminister sagte sofort, er werde »ihrer Verwendung auf dem britischen Festland niemals zustimmen, da sie tödliche Wirkung haben!« (*Irish Times, 11. Juli 1981*). In Irland darf man sie benutzen und damit Frauen und Kinder umbringen – aber nicht »auf dem britischen Festland«!

Zu Anfang des letzten Jahrzehnts schrieb Paul Johnson, einer der hervorragendsten britischen Journalisten, Chefredakteur des Spectator, und einer von Margaret Thatchers glühendsten Bewunderern, im New Statesman:

»Seit Jahrhunderten haben wir in Irland wirklich alles versucht: Direkte Regierung, indirekte Regierung, Völkermord, Apartheid, Marionettenparlamente, echte Parlamente, Kriegsrecht, Zivilrecht, Kolonisierung, Landreform, Teilung. Alles ist fehlgeschlagen. Die einzige Lösung, die wir noch nie ausprobiert haben, ist absoluter und bedingungsloser Rückzug.«

Warum nicht jetzt? Es wird ohnehin passieren!

Seán MacBride, 1982

Vorwort der irischen Herausgeber

Robert Sands, Mitglied des Parlamentes, verbrachte viereinhalb Jahre in den H-Blocks des Konzentrationslagers Long Kesh in Nordirland. Er befand sich nicht die ganze Zeit im selben Block. Im Laufe der Zeit wurde er in verschiedene Teile des Gefängnisses verlegt. Er trat am 1. März 1981 in Hungerstreik und starb 66 Tage später am 5. Mai 1981.

Das vorliegende Buch schrieb er mit einer Kugelschreibermine auf einzelne Blätter Toilettenpapier in einer kleinen verdreckten, mit Exkrementen besudelten Zelle. Sein Bericht ist nicht chronologisch, wodurch sich eine gewisse Ungleichheit von Stil und Inhalt erklärt. Die beschriebenen Blätter wurden im Laufe der Zeit hinausgeschmuggelt. Text und Handschrift sind von der Familie Sands beglaubigt worden, Mithäftlinge von Bobby Sands haben den Inhalt bestätigt.

Auf juristischen Rat hin wurden einzelne Passagen des Originalmanuskriptes ausgelassen. Darüber hinaus sind nur geringfügige textliche Veränderungen vorgenommen worden, um Zusammenhang und Verständlichkeit zu vergrößern.

Es muß darauf hingewiesen werden, daß die britischen und nordirischen Behörden das Vorkommen von Schlägen oder Folter in Long Kesh bestreiten. Sie haben jedoch kaum etwas unternommen, um die Vielzahl von Veröffentlichungen zu verhindern, die die Existenz der Folter belegen. Besonders wichtig ist ein 1979 erschienenes Buch namens »The H-Blocks«, das zwei Priester, die Rev. Fathers Faul und Murray, verfaßt haben. Darin veröffentlichen sie eine Vielzahl von unterschriebenen und bezeugten Aussagen von Gefangenen über die ihnen zugefügten Mißhandlungen. Dieses Buch hat weite Verbreitung gefunden und ist noch immer im Handel.

Überschüsse aus dem Verkauf von »*One day in my life*« werden dem *Bobby Sands Trust* überwiesen, der für Frauen, Familien und Angehörige der Gefangenen sorgt.*

---

* Das Autorenhonorar aus dieser deutschsprachigen Reprint-Auflage wird ebenfalls an den Trust ausgezahlt.

Ein Tag in meinem Leben

Es war noch dunkel, und es fiel leichter Schnee, als ich erwachte. Ich glaube nicht, daß ich in dieser langen ruhelosen qualvollen Nacht mehr als eine Stunde geschlafen habe. Mein nackter Körper war der beißenden Kälte ausgesetzt. Zum tausendsten Mal mindestens drehte ich mich auf die Seite und wickelte die Decken enger um mich. Die durch die bittere Kälte verursachte Schlaflosigkeit machte mich müde und schlapp. Ich war ziemlich erschöpft, und jeder Knochen in meinem Körper schien gegen die Zumutung einer weiteren Nacht auf einer feuchten Schaumgummimatratze auf dem Fußboden zu protestieren. Wieder kein nennenswerter Schlaf! Ich war frustriert und sauer, rollte mich zu einem kleinen Ball zusammen, um warm zu werden. Hätte ich etwas gehabt, das ich treten könnte, so hätte ich zugetreten. Ich hatte jede Lage ausprobiert, um warm zu werden, aber die Kälte war stärker. Meine drei dünnen Decken waren der bitteren, beißenden Kälte nicht gewachsen, die durch die Gitter des Fensters über meinem Kopf hereingekrochen kam.

Lieber Gott, noch einen Tag, dachte ich, und das war alles andere als ein angenehmer Gedanke. Nackt stand ich auf und stapfte durch die Schatten in der Zelle in die Ecke, um zu urinieren. Es war verdammt kalt. Der scharfe Gestank rief mir meine Situation ins Bewußtsein. Der Fußboden war stellenweise feucht und klebrig. Überall in der Zelle lagen Abfallhaufen herum, und aus der Dunkelheit schienen mich schwarze, unheimliche Figuren an den verdreckten, schadhaften Wänden anzuschreien. Der harsche Gestank von Exkrementen und Urin ließ sich nicht vertreiben Ich hob den kleinen Wasserbehälter aus dem Abfall und wagte einen frühmorgendlichen Trunk, im vergeblichen Versuch, den üblen Gestank aus meinem Hals zu entfernen. Gott, diese Kälte.

Draußen war es grau geworden und es dämmerte. Die Krähen hatten sich in langen schwarzen Reihen auf dem schneebedeckten Stacheldrahtzaun versammelt. Eines Morgens werde ich aus diesem Alptraum erwachen, dachte ich, als ich wieder unter den Decken zusammenkroch. Mit Ausnahme des Krächzens der Krähen war es bedrückend still. Ich war sicher, daß viele der Jungs wach lagen, zusammengerollt, genau wie ich, um warm zu werden. Der Gedanke an kalten, geschmacklosen Porridge mit zwei Scheiben Brot und einem halben Becher lauwarmem Tee als Frühstück war deprimierend. Der bloße Gedanke daran war schon demoralisierend.

Es dämmerte, und der tägliche Alptraum trat aus den Schatten der toten Nacht hervor. Dreck und Abfall, die schadhaften Wände – die inneren Grenzen meines stinkenden Grabes – begrüßten mich ein weiteres Mal. Ich lag da und lauschte meinem leisen Atem und dem Krächzen der Krähen.

Draußen hatte es geschneit, und das war mir nicht verborgen geblieben, schließlich hatte ich die halbe Nacht zusammengekauert in der Ecke gehockt, während der Schnee durch die Gitterstäbe meines Fensters seiner irdischen Bestimmung zustrebte – meinem Bett. Im ersten Licht des Morgens machte sich Langeweile breit. Der Tag, der vor mir lag, würde wie eine Ewigkeit wirken, und schon bald würde wieder die Depression meine Gefährtin sein. Ich lag da, bitterkalt und unbequem, und tat mir ein bißchen leid, während der Gedanke an einen weiteren Tag mich quälte.

Ein Schlüssel klirrte gegen Stahl. Füße stampften durch den Gang, brachen die Stille. Die Krähen flohen in einer Explosion von schnarrendem Krächzen; meine Gedanken kämpften darum, die Bedeutung dieses störenden Wirrwarrs zu erfassen. Panik packte mich, als die schwere Stahltür aufgerissen wurde. Eine Welle schwarzer Uniformen wurde in meine Zelle gespült und verdeckte die Türöffnung. Eine grobe, einschüchternde Stimme brüllte: »Los da, aufstehen!«

Ich war schon halb auf den Beinen, ehe die letzte Silbe sein lautes Maul verlassen hatte, und wickelte mir mein fadenscheiniges blaues Handtuch um den zitternden Leib.

»Bären unterwegs«, echote es durch den gesamten Flügel, als die, die wach und durch die Invasion gewarnt waren, den anderen mitteilten, daß Wärter im Haus waren.

»Zellenwechsel«, schrie einer, und ließ mir keinen Zweifel darüber, was mir bevorstand.

»Los jetzt, raus mit dir, mach, daß du ans andere Ende vom Flügel kommst«, schnappte der mit dem lauten Maul. Ich trat aus der Zelle, der Gang war voll schwarzer Uniformen, Gummiknüppel baumelten an ihrer Seite.

»Nicht schnell genug.« Wieder der mit dem lauten Maul.

Zwei Paar starker Arme packten mich von hinten. Meine Arme wurden hinter meinem Rücken zusammengepreßt und meine Füße hoben sich vom Boden. Dunkelheit umgab mich, und irgendwer brachte mich plötzlich durch einen Ruck in Bewegung. Ich kam wieder auf die Erde, und ein gutgewichstes Paar amtlicher Lederstiefel trat mir mit Wucht auf die Füße. Ein Wärter an der Peripherie der jetzt erregten Meute stieß mir sein Knie in den Schenkel. Ich hätte gerne gekotzt und mich ergeben, blieb aber stumm. Ein Tisch tauchte vor mir auf, an dem sich ungefähr ein halbes Dutzend Wärter versammelt hatte, das mich nun anstarrte und musterte – ihre erste Beute. Ich wurde mitten unter der schwarzen Horde losgelassen, die jetzt vom Wortführer ihr Stichwort erwartete.

»Okay«, schrie der selbsternannte Tyrann, »laß das Handtuch fallen, dreh dich um. Bück dich und faß deine Zehen an.«

Ich ließ mein Handtuch fallen, drehte mich um und stand verlegen und nackt da, und aller Augen musterten meinen Körper.

»Du hast etwas vergessen«, grunzte der Wortführer.

»Nein, hab ich nicht«, stammelte ich in einem Anfall von Tollkühnheit.

»Bück dich, du Mistkerl«, zischte er mir ins Gesicht, mit einer Stimme, aus der schwergeprüfte Geduld sprach. Jetzt kommt's, dachte ich.

»Nein«, sagte ich.

Gezwungenes Gelächter, unterstützt von einer Salve von Spott und Schimpfwörtern, brach aus.

»Er will nicht!« höhnte dieser vergnügungssüchtige Mistkerl.

»Er will nicht! Ha! Ha! Er will nicht, Jungs«, sagte er zu seinen ungeduldigen Zuhörern.

Jesus, jetzt kommt's. Er trat neben mich, immer noch lachend, und schlug mich. Schon nach wenigen Sekunden fiel ich unter den weißen Blitzen zu Boden, und aus allen vorstellbaren Winkeln hagelten Schläge auf mich herab. Ich wurde wieder auf die Füße gezerrt und wie eine Scheibe Speck mit dem Gesicht nach unten auf den Tisch geworfen. Suchende Hände zogen an meinen Armen und Beinen, teilten mich wie ein Stück Leder. Jemand zog meinen Kopf an den Haaren zurück, und irgendein Perverser fing an, in meinem Anus herumzustochern.

Es war sehr komisch; alle wollten sich totlachen, nur ich nicht, und die ganze Zeit hagelte es weiter Schläge auf meinen nackten Körper. Ich krümmte mich vor Schmerzen. Sie packten mich fester, und jeder Schlag fand seinen Bestimmungsort. Mein Gesicht wurde gegen den Tisch gepreßt und blutete. Ich war wie betäubt, war verletzt. Dann zerrten sie mich vom Tisch und ließen mich zu Boden fallen. Meine erste Reaktion war, mir das Handtuch, das neben mir lag, um meinen geröteten Leib zu wickeln. Wieder packten mich die Arme von hinten und zerrten mich in einen anderen Flügel. Ich sah gerade noch, wie sie einen meiner Kameraden schlugen und zu dem Tisch schleppten, während im Hintergrund ein anderer mit Tritten aus seiner Zelle befördert wurde. Eine Zellentür wurde geöffnet und ich flog in meine Zelle. Die Tür schlug zu und ich lag auf dem Betonboden, mit hämmernder Brust, jeden einzelnen Nerv im Körper angespannt. Hätte schlimmer kommen können, versuchte ich mich zu trösten. Aber das konnte weder mich noch meinen schmerzenden Körper überzeugen.

Die Kälte vertrieb mich vom Fußboden. Jeder Teil meines Körpers protestierte, als ich langsam auf die Füße kam. Etwas Blut lief aus meinem Mund in meinen langen zerzausten Bart und tropfte zu Boden. Viele Schrammen und Blutergüsse bildeten feine Ornamente auf meiner Haut. Ich zitterte. Ich hatte wirklich nicht viel Zeit gehabt, um mich zu fürchten; alles war zu schnell gegangen. Gott sei Dank hatte ich nicht geschlafen, als sie kamen.

»Eines Tages kriegen wir diese Schweine«, sagte ich mir. »Wollen sehen, wie groß sie dann noch sind«, dachte ich, und spuckte einen Mund voll Blut in die Ecke.

»Mal sehen, wie großartig sie dann noch sind!«

Ich begann, hin und her zu laufen. Nur mit einem Handtuch bekleidet, spürte ich die Kälte, die durch das offene Fenster in die Zelle strömte. Mein Gott, wie weh alles tat.

Weitere Körper wurden durch den Flügel gezerrt.

Die Schweine brüllten sich ihre sadistischen Kehlen aus dem Hals, schwelgten in Blut und Schmerz, natürlich unserem Blut und Schmerz. Gott allein weiß, wann sie sich endlich dazu entschließen werden, uns eine Decke hereinzuwerfen. Eine leere bitterkalte Zelle, ein schmerzender grün- und blaugefrorener Körper, eine Meute von Psychopathen, die Männer vor meiner Tür zu Brei schlägt, und dabei ist noch nicht mal Frühstückszeit, verdammtnochmal!

»Beim Leiden Christi, kann es denn noch schlimmer kommen?« fragte ich mich und antwortete mir selbst: »Du weißt verdammt gut, daß es noch schlimmer kommen wird.« Und das machte mir Sorgen.

Ohne Rücksicht auf meine Schmerzen lief ich weiter hin und her und versuchte, meinem Körper eine Art Wärme zuzuführen. Meine Füße waren jetzt blau vor Kälte und ich fürchtete schon, vor der klirrenden Kälte kapitulieren zu müssen. Der Schock hatte nachgelassen, und Schmerzen und Kälte griffen mich unermüdlich an. Es schneite wieder. Auf dem Zaun draußen war keine Krähe zu sehen.

Einige meiner Kameraden tauschten ihre Erfahrungen und den Grad ihrer Verletzungen durch die Fenster aus. Ich hörte den Wagen klappern und wußte, das Frühstück war unterwegs, und noch immer waren keine Decken oder Matratzen in Sicht. Versuch, herauszufinden, wer heute Dienst hat, wenn die Tür aufgemacht wird, sagte ich mir. Nach der Episode von heute morgen wären ein paar Ruhige gut, dachte ich, als die Zellentüre geöffnet wurde und zwei Wärter mir mit einem Hohnlächeln auf ihren frischgewaschenen Gesichtern das Angebot des Morgens in die Hände drückten – in die eine Hand den Becher Tee, in die andere eine Schale Porridge und zwei Scheiben Brot. Eine kleine rattengesichtige Figur mit schwarzem Hut steckte den Kopf durch die offene Tür und sagte schmunzelnd: »Guten Morgen! Möchtest du vielleicht Gefängniskleidung anziehen und an die Arbeit gehen, deine Zelle saubermachen, dich waschen oder meine Stiefel wichsen? ... Nicht? Na, wir werden schon noch sehen!«

Die Tür wurde zugeschlagen.

»Mistkerl«, sagte ich, und zog mich in die Ecke zurück, um die zweite Katastrophe des Tages zu inspizieren: Das Frühstück. Ich barg soviel trockenes Brot, wie ich nur konnte, und warf, als ich die beiden Scheiben aus dem geistlosen Porridge gefischt hatte, den gesamten Rest an die entfernteste Wand. Angeekelt mußte ich das magere bißchen Brot und den lauwarmen Tee hinunterzwingen. Es war bitterkalt, so kalt, daß ich beim Trinken weiter hin und her laufen mußte. Ich dachte an die drei Wärter, die vor der Tür gestanden hatten, als ich mein Frühstück bekam. Die Wärter A, B und C. Das hatte gerade noch gefehlt. Drei richtige Folterknechte, und sie würden den ganzen Tag hier sein. Affengeil, dachte ich.

A hatte mit mir gesprochen. Er war herzlos, gerissen und intelligent, wenn es um das Foltern von nackten Männern ging. Von ihm ging keine physische Gewalt aus. Nichts als rein psychologische Angriffe und clevere Tricks. Er schien direkt aus Bergen-Belsen zu kommen, und wie den meisten anderen Wärtern gefiel es ihm gut, die Würde der nackten Kriegsgefangenen anzugreifen. Er war auf permanentem Egotrip, aber das waren sie schließlich alle, wenn sie erst ihre schwarzen Trachten mit den glänzenden Knöpfen anziehen durften und man ihnen Gummiknüppel und Pistole überreichte.

Der Zweite, den ich gesehen hatte, war B, ein bigotter Heuchler. Er war mittelgroß, gut aussehend, hatte schwarze Haare und war immer in Schwung. Außerdem war er Alkoholiker und geschickt mit dem Gummiknüppel, vor allem bei den Jüngeren, das war seine feste Gewohnheit.

Schließlich war da noch C, der Schlimmste der drei. Er haßte uns mehr als B, der Frömmler, und gab sich wirklich alle Mühe, das zu beweisen. Er lächelte nie, sagte nie etwas, außer abfälligen Bemerkungen oder Beleidigungen.

Drei perfekte Mistkerle, dachte ich, und verfluchte die Kälte, meinen schmerzenden Körper und den schneidenden Hunger, der mich nie verließ. Ich setzte meine Reise nach Nirgendwo fort, und umkreiste die Zelle wie ein Meerschweinchen, blieb hier und da einen Moment stehen, um die Namen, die in Tür und Wände eingeritzt waren, zu identifizieren. Das einfache Zeugnis und die Erinnerung daran, daß andere ebenfalls in meiner Lage waren und noch sind. Ein gewisser Stolz schien den gekritzelten Namen der gefolterten Schreiber anzuhaften. Sie hatten das Recht, stolz zu sein, dachte ich, als ich die irischen Ausdrücke und Wörter las, und feststellte, daß dieser Flügel im Irisch-Unterricht weitergekommen war.

»Irisch-Unterricht«, wiederholte ich. Meine Stimme hörte sich ziemlich seltsam an. Aber schließlich war es seltsam, denn es bedeutete, an der Tür zu stehen und zuzuhören, wie ein Kamerad, der Lehrer, so laut er konnte die Lektion des Tages durch den Flügel schrie, wenn die Wärter zum Essen oder zum Tee gegangen waren.

Ich lief weiter. Die beißende Kälte wollte nicht nachgeben. Wenn ich nicht bald eine Decke bekäme, wäre ich in einer schlimmen Lage. Man darf nicht um Decken bitten. Das habe ich schon vor langer Zeit gelernt. Ein Zeichen von Schwäche, und du hast dein eigenes Grab gegraben. Außerdem waren im Flügel 43 Kameraden in genau derselben Notlage. Also vergiß das Klagen und krieg ein bißchen Hitze in den Leib, dachte ich, und machte mir Vorwürfe, weil ich das gefährliche Spiel des Selbstmitleids gespielt und zu lang und zu sehr an die Grausamkeiten gedacht hatte. Meine Gedanken wandten sich dem Essen zu. Freitag. Fisch. Kalte Kartoffeln und harte Erbsen. Aber es bestand immerhin die vage Hoffnung, daß der Fisch heiß und gesalzen sein könnte. Ich weiß nicht, warum, denn er war es nie. Vielleicht war es nur etwas, auf das man sich freuen konnte, wie ein Toto- oder Lottogewinn. Aber ein Totogewinn wäre wahrscheinlicher, das mußte ich zugeben. Bestand nicht unser ganzes Leben daraus, von einer stinkenden kalten Mahlzeit zur nächsten zu leben, sich falsche Hoffnungen zu machen, sich an jedes zufällige Gerücht anzuklammern? Scéal, scéal, scéal! Das irische Wort für Neuigkeit oder Geschichte war uns nun schon so vertraut, daß sogar die Wärter es benutzten.

»Weißt du ein scéal?«

»Hast du ein scéal gehört?«

»Was für ein schlechtes (oder schlimmes, oder phantastisches) scéal.«

Das war völlig verständlich. Man muß eine Hoffnung haben, etwas, worauf man sich freuen, mit dem man rechnen, an das man sich klammern kann. Es war unglaublich, wie ein gutes scéal den ganzen Flügel aufleben lassen konnte. Wie nach dem Marsch von Coalisland nach Dungannon, als einer die geschätzte Beteiligung und ein hereingeschmuggeltes Foto anbrachte. Ich hätte fast geweint, und bin sicher, nicht wenige haben es wirklich getan. Das werde ich nie vergessen. Ich saß mitten in einem lebendigen Alptraum, ohne ein freundliches Gesicht um mich herum, und als das Bild zu mir kam, sah ich es an und hatte mich in meinem Leben noch nicht so glücklich gefühlt. Ich starrte und starrte es an, und wollte es nie mehr wieder hergeben. Sind sie nicht toll, dachte ich. Ich war stolz darauf, für sie zu kämpfen. Noch jetzt spüre ich einen Kloß im Hals, wenn ich nur an sie denke. Ach, lieber Gott, wenn es nicht so kalt wäre und ich nicht solche Schmerzen hätte, könnte ich zum Zeitvertreib vielleicht ein bißchen singen. Aber jetzt hab ich keine Lust und bin auch nicht in Form.

Niemand redet durch die Fenster. Alle sind zu sehr damit beschäftigt, hin und her zu laufen und ihre Wunden zu lecken.

»Bär unterwegs«, rief jemand zur Warnung. Ein Wärter war im Flügel. Wir benutzten diesen Ruf, wenn jemand das Klappern eines Schlüssels, das Quietschen eines Stiefels oder einen vorbeihuschenden Schatten bemerkte. Alle gewarnt vor einem auf der Lauer liegenden Wärter. Ich preßte mich an die Tür und hielt mein Auge an einen kleinen Spalt im Beton, zwischen Tür und Mauer. Den hatte ich schon vorher bemerkt, und, wie gehofft, er gewährte mir die willkommene, wenn auch begrenzte Aussicht auf ein paar Yards des Ganges. Zuerst entdeckte ich einen Schatten, dann die vertraute Form A's. Er hatte ein paar Briefe und einige Päckchen Papiertaschentücher in der Hand.

»Wärter mit Briefen«, rief ich auf Irisch, so laut ich konnte, um die gespannten, aufmerksamen Nerven zu beruhigen. A zuckte zusammen, meine Stimme beunruhigte ihn, als sie die finstere Stille durchbrach. Aber er ließ sich nicht aufhalten, denn es war normal, zu schreien, wenn jemand herausfand, was vor sich ging. Nichts war so nervenzermürbend oder erschreckend wie nackt hinter einer geschlossenen Tür zu sitzen und nicht zu wissen, was passierte, wenn Gefahr bestand, und für uns bestand pausenlos Gefahr.

Die Wärter mochten nicht, daß wir auf Irisch im Flügel herumschrien oder uns unterhielten. Es entfremdete sie, ließ sie sich ausländisch fühlen und setzte sie in Verlegenheit. Sie vermuteten, daß sich jedes Wort auf sie bezog, und irrten sich darin nicht allzusehr!

Ich nahm meine Reise nach Nirgendwohin wieder auf. Als ich beim Fenster kehrtmachte, traf ein Schlüssel auf Metall. Ein Zittern durchfuhr mich, als das Türschloß klirrte und meine Tür geöffnet wurde. A stand da mit seinen Papiertaschentüchern und Briefen.

»Ich hab ein Päckchen für dich«, sagte er in seinem hassenswerten Akzent, und starrte mich mit seinem herrischen »Ich-bin-besser-als-du«-Blick an.

Ein Päckchen dachte ich. Ein paar Päckchen Papiertaschentücher.

»Du hast Glück, du bist heute der einzige, der ein Päckchen kriegt«, sagte er.

Jesus! Ich hätte kotzen mögen. A, der Psychologe, war am Werk. Las in mir wie in einem Buch und sagte: »Warum ziehst du denn keine Gefängniskleidung an und gönnst dir ein paar Vorrechte?«

Ich hätte ihm gern erzählt, was er mit seinen verdammten Vorrechten machen könnte, und auch mit seinem Päckchen, aber ich würde die Papiertücher gut brauchen können, um sie auf den kalten Boden zu legen.

Nimm dich zusammen, Bobby, sagte ich mir, als er mir einen Füller gab, um den Empfang des Päckchens in einem dicken Buch zu quittieren. Er liebte das alles: Er führte sich auf, als unterzeichnete ich einen Vertrag über eine Million Pfund statt den Empfang von drei mickerigen Päckchen Papiertaschentücher. Er hatte auch einen Brief für mich. Ich hatte ihn schon lange entdeckt, aber A wartete, daß ich danach fragte. Ich ignorierte das. Er steckte seinen teuren Füller wieder in die Brusttasche, grinste und kommentierte den Geruch meines ungewaschenen Körpers und den üblen Gestank meiner Zelle. Dann wandte er sich der schweren Stahltür zu. »Oh«, sagte er, »ich habe einen Brief für dich.« Er gab ihn mir. Ich nahm den Brief und wiegte ihn wie ein neugeborenes Kind. Die Tür wurde zugeschlagen. Ich drückte mein Auge gegen das kleine Loch, um zu sehen, ob er ins Büro am Ende des Flügels ging. Das tat er. Ich rief, wieder auf Irisch: »Bär wieder weg!«, um die Jungs zu informieren, und zog mich in die Ecke zurück. Ich fühlte mich wie ein neuer Mensch mit meinen kostbaren Besitztümern – einem Brief und drei Päckchen Papiertaschentücher! Ich breitete die Papiertücher auf dem Boden aus und stellte mich darauf. Im Vergleich zu dem nackten Beton fühlten sie sich an wie ein Luxusteppich. Ich nahm die unbezahlbaren, mehrfach gelesenen und zensierten Blätter des Briefes aus dem bereits geöffneten Briefumschlag. Der Brief war von schwarzen Zensurbalken entstellt, aber nicht so schlimm wie der im letzten Monat, dachte ich. Sofort erkannte ich die vertraute Schrift meiner Mutter. Die treue Seele, läßt mich nie im Stich! Ich fing an zu lesen.

Mein lieber Sohn! Ich hoffe, Du hast meinen letzten Brief bekommen. Ich habe mir große Sorgen um Dich und Deine Kameraden gemacht. Ist es kalt bei Euch, mein Sohn? Ich weiß, daß Du nur drei Decken hast, und ich habe in den Irish News gelesen, daß viele von Euch eine schwere Grippe haben. Wickel Dich so warm ein, wie Du kannst, mein Sohn. Ich werde für Euch alle beten.

Deine Schwester Marcella hat vor einiger Zeit für Kevin ein Geburtstagsfest veranstaltet. Er ist ein Jahr alt geworden. Er ist ein reizendes Kind. Du hast ihn noch nie gesehen, glaube ich? Dein Vater und Dein Bruder lassen Dich grüßen, und auch Bernadette und Mr. und Mrs. Rooney. Ich war am Sonntag beim Marsch, und dort ▮▮▮▮▮▮▮▮▮▮▮▮▮▮▮▮▮▮▮▮▮▮ (Zensiert! Diese Mistkerle! Ich verfluche sie.) Alles ist in Ordnung, mein Sohn. Vielleicht dauert es jetzt nicht mehr lange.

Die Briten haben letzte Woche zwei Hausdurchsuchungen gemacht und die neue keltische Harfe zerschlagen, die mir die Jungs im Knast zu Weihnachten geschickt hatten. Ich glaube nicht, daß sie im Moment sehr zufrieden sind, bei allem ▇▇

ihnen ja die Köpfe verdrehen, mein Sohn.
Dein Bruder Seán war in Killarney, und da stehen an allen Wänden Slogans ▇▇▇▇▇▇▇▇▇▇▇▇▇.«

▇▇▇▇▇▇▇▇▇▇▇▇▇▇▇▇▇▇▇▇▇▇▇▇▇▇▇▇

(H-Block!! Ihr Mistkerle, sagte ich zu mir).
Nun, mein Sohn, ich muß jetzt Schluß machen. Es hat angefangen zu schneien. Ich hoffe, es geht Dir gut. Wir alle stehen hinter Dir, mein Sohn. Am Sonntag habe ich das Kind hier gehabt. Er sagt, er will zur IRA gehen, wenn er groß ist, und Dich aus diesem schrecklichen Ort herausholen. Gott helfe ihm. Ich komme mit Deinem Vater und Marcella zu Deinem nächsten Besuchstermin am 12. Nun, mein Sohn, Gott segne Euch alle. Wir sehen uns bald. Wir vermissen Dich alle.
Deine Dich liebende Mutter.
Gott segne sie, sagte ich.

Heute ist mein Besuchstermin! Yahoo! »Alles in Ordnung bei dir, Bobby?« »Alles klar, Seán. Mir ist nur eingefallen, daß ich heute Besuch kriege. Bei dem verdammten Massaker heute morgen hab ich das total vergessen«, sagte ich zu meinem nächsten Nachbarn.
»Wie ist es dir denn ergangen, Seán?« rief ich.
»Ich glaube, meine Nase ist gebrochen, Bobby. Und dir?«
»Es geht, Seán. Das Übliche – sehr viele Schrammen und ein paar Wunden. Hier, ich hab einen Brief bekommen. Ich glaube, es hat massenhaft Bomben und eine große Beteiligung bei der Parade gegeben. Der Brief ist natürlich zensiert worden,

aber ich werde es bei meinem Besuch heute erfahren. Ich lauf jetzt ein bißchen, Seán, muß warm werden. Es ist wirklich kalt, Kamerad. Verlier nicht den Mut. Ich melde mich später.«

Yahoo! Besuchstag. Wo sind die verdammten Decken? Ich frier mich tot.

Vielleicht bringen sie heute den Kleinen mit. Ich habe ihn seit fast neun Monaten nicht mehr gesehen. Das liegt am gesundheitlichen Risiko. Es ist jedes Mal gefährlich, dachte ich, aber ich muß ihn einfach wiedersehen. Der Gedanke an die gründlichen Leibesvisitationen, die ich würde hinnehmen müssen, um diesen einmal im Monat stattfindenden Besuch von einer halben Stunde zu erhalten, war niederschmetternd.

»Bären unterwegs! Bären unterwegs!«

Wie der Blitz war ich bei der Tür, ein Auge am Spalt. Nichts! Ich konnte nichts sehen. Ich hörte sie, konnte sie aber nicht sehen.

»Visite! Visite!«

Jesus, Zellenkontrolle! In den verdammten Zellen gibt's nichts zu kontrollieren! Die Visite heute morgen hat doch gereicht.

Das Schloß an irgendeiner Tür knallte. Ich konnte einen Moment lang A und B sehen, die die Zelle gegenüber betraten. Pee Wees Zelle. Ich hörte C's Gebrüll, konnte aber nicht verstehen, was er sagte, doch ich hörte B schreien: »Bück dich, du kleiner Wichser!«

Jesus, sie machten Leibesvisitation bei Pee Wee. Gerade 18 geworden, und sie zwingen ihn, sich zu bücken und stocherten in seinem Enddarm herum. Ich hörte den viel zu vertrauten dumpfen Klang der Schläge, die Pee Wees nackte Haut trafen.

B und C stolzierten lächelnd wie zwei Revolverhelden aus der Zelle.

»Ihr stinkenden Mistkerle!« schrie Seán von seiner Zellentür.

»Mr. A, einen Wagen zum Strafblock, bitte. Pee Wee O'Donnell hat soeben Mr. C angegriffen«, sagte B kichernd.

Es muß schlimm stehen, dachte ich. Es muß ihm sehr schlecht gehen, wenn sie ihn zum Strafblock schicken. Alles Tarnung. Klag sie an, und du handelst dir Strafpunkte wegen Verleumdung ein. Kriegsverbrecher! sagte ich zu mir. Sie sind eine stinkende, dreckige Kriegsverbrecherbande, jeder einzelne von ihnen.

Sie holten Pee Wee aus seiner Zelle. Ich konnte einen Blick auf die kleine harmlose Figur werfen. Sein Gesicht war rot von Blut. Sein rechtes Auge war geschwollen, und aus seiner Nase sprudelte das Blut.

Sie werden ihn zwangsbaden und ihm die Haare schneiden. Mit anderen Worten, sie werden ihn zum dritten Mal heute windelweich schlagen!

Im Flügel herrschte Totenstille. Eine bedrückende Stille, denn die schlimme Atmosphäre ließ nie nach und die Spannung wurde nie aufgehoben.

»Wir kriegen dich schon noch, C«, sagte ich mir. »Wir kriegen dich. In meinem ganzen Leben habe ich nie etwas so ernst gemeint.«

Ich zitterte, blieb aber an dem durch Zufall entstandenen Türspion auf meinem Posten, für den Fall, daß sie zurückkämen, um sich an jemand anderem zu versuchen. Ich hörte, wie sie in ihrem Büro lachten und damit prahlten, wie sie Pee Wee zusammengeschlagen hatten. Die Nachricht über das Ereignis wurde inzwischen an den Oberkommandierenden im Flügel weitergegeben. B klapperte mit einem Eimer und rief C etwas über »mal gründlich ausspülen« zu. Er sorgte dafür, daß wir es alle hören konnten. Manchmal machten sie mit dem Eimer eine Runde, kamen in die Zellen und traten die Inhalte unserer versifften Nachttöpfe breit. Erst spät in der Nacht konnten wir sie aus dem Fenster oder unter der Tür hindurch ausgießen. Aber ich wußte, B wollte nur unsere ohnehin schon strapazierten Nerven noch weiter quälen. A war verantwortlich. Er würde es vielleicht nicht riskieren. Die Jungs waren wirklich wütend nach dem, was mit Pee Wee passiert war. Es würde mehr Ärger geben. Außerdem war noch kein Bettzeug zum Naßmachen in den Zellen. Als ich an das Bettzeug und die quälende Kälte dachte, kamen die Wärter mit einem Wagen, der unsere Matratzen und Decken enthielt.

»Decken unterwegs!« rief ich auf Irisch, um die Jungs zu informieren. In den Zellen brachen alle in Rufe, Geschrei und Jubel aus. Die Türen wurden nach und nach geöffnet, und nach einer scheinbaren Ewigkeit, in der die Kälte nur noch zugenommen hatte, machten die Wärter endlich auch meine Tür auf und warfen meine drei dünnen Decken und die verdreckte verschlissene Matratze auf den Boden.

C bedachte mich mit seinem fiesen »Ich-hasse-deine-Eingeweide«-Blick und knallte die Tür zu. Und ich hasse deine verdammten Eingeweide, C, sagte ich zu mir und bückte mich nach den Decken. Ich wickelte mir eine um den Leib und warf die andere wie einen Poncho über meine Schultern, dann legte ich das Handtuch wie einen Schal um Kopf und Hals. Ich schob die dreckige Schaumgummimatratze an die Wand, setzte mich darauf und wickelte die dritte und letzte Decke um meine Füße.

Meinesgleichen wurde zuletzt in Stalag 18 oder Dachau gesehen. Und, um die Wahrheit zu sagen, so kam ich mir vor – wie dort. Das Handtuch kitzelte meinen Bart, und die Roßhaardecken kratzten meinen schmerzenden Körper. Es war kalt, und jemand teilte aus seinem Fenster heraus mit, daß es wieder zu schneien begonnen habe. Es könnte wieder hereinschneien, wie letzte und vorletzte Nacht. Ich bewegte mich nicht. Wie mag es wohl Pee Wee in den Strafblocks gehen?

Wahrscheinlich ist er mehr tot als lebendig. Jesus, was für ein schlimmer Tag, dachte ich und fühlte mich sehr müde. Die Erschöpfung nach zwei schlaflosen Nächten brach über mich herein. Meine Füße erwärmten sich etwas, und ich dachte an den Besuch, der am Nachmittag kommen würde. Im Flügel herrschte Ruhe, gestört durch gelegentliche Lachsalven von B und C. B würde nach dem Essen wieder da sein, betrunken und gefährlich, dachte ich. Ich schloß die Augen und hoffte, bis zum Mittagessen eine Weile in den Schlaf flüchten zu können. Gott, es ist hart. Es ist sehr hart.

Ich erhob mich langsam, probierte jede Bewegung erst aus. Ich kam auf die Füße und lehnte die Matratze gegen die Wand. Ich breitete eine Decke auf dem Boden aus, wickelte eine andere um meinen Leib und das Handtuch um Kopf und Schultern und nahm wie ein Nomade meine Wanderung nach Nirgendwo wieder auf. Es war noch immer kalt, aber nicht mehr so beißend kalt wie morgens. Draußen lag noch immer schwer der Schnee, und das Licht war für die Mittagszeit ungewöhnlich trübe.

Bald gibt es Essen, dachte ich, und in ein paar Stunden kommt mein Besuch. Der Gedanke daran, meine Familie zu sehen, war tröstlich. Es war der einzige Höhepunkt eines jeden qualvollen Monats. Zwölf Höhepunkte pro Jahr! Pro Besuch eine halbe Stunde relativen Glücks. Macht sechs Stunden relativen Glücks pro Jahr. Ich rechnete schnell im Kopf; es macht sechs von 8.760 Stunden pro Jahr. Elende sechs Stunden, und sie schikanieren dich und deine Familie für jede Minute, für jede einzelne Minute!

Ich lief weiter, mein Zorn wurde immer stärker.

»Mistkerle«, sagte ich, und hielt inne, um aus dem offenen, aber mit Betonstäben vergitterten Fenster zu schauen. Auch das werde ich nicht mehr lange haben, fiel es mir ein, und dachte daran, wie sie in anderen Flügeln die Fenster mit Wellblech und Holz verdeckt und dadurch Sonnenlicht und Himmel ausgeschlossen hatten. Aber außer den Vögeln, dem Nachthimmel und den Wolken war sowieso nicht viel zu sehen. Der Rest war einfach eine schmerzhafte Beleidigung der Augen, obwohl gerade jetzt der ungewohnte Schnee kilometerweit auf dem häßlichem grausigen Stacheldraht lag und sich am unpersönlichen, eigentlich deprimierenden Wellblech anklammerte. Alles war entweder trist und grau oder strahlend weiß. Nachts brachte der Schnee ein wenig Farbe in die Landschaft, wenn tausend helle Lichter und strahlende Scheinwerfer auf dem weißen Teppich reflektierten.

Was für eine Erlösung und Freude, durch ein üppig-grünes Feld zu wandeln, die vom Tau glänzenden Grashalme und die frischen Blätter der Bäume zu berühren, oder auf einem Hügel zu sitzen und das von den ersten Frühlingstagen erfüllte Tal zu betrachten, den frischen sauberen gesunden Duft einzuatmen, um mich herum nichts als meilenweit freier Raum!

Freiheit: das war es. Freiheit, um wieder zu leben. Ich wandte mich vom Fenster ab, um meine ruhelose Wanderung wieder aufzunehmen, vom Gedanken an die Freiheit ein wenig entmutigt. Ich betrachtete die stinkenden, verdreckten Wände, die verrottenden Abfälle und die verfaulenden Essensreste, die auf dem feuchten Boden in den Ecken herumlagen. Die verschlissene, versiffte Matratze, bei tausend Durchsuchungen in Fetzen gerissen. Die Teeflecken an der Decke, die die Reflektion des grellen Lichts lindern sollen. Die zerkratzte Tür und die Pestbeule von Nachttopf neben der Tür. Es wurde immer schwieriger, das Bild des üppig-grünen Feldes zu beschwören. In jeder Minute schrie mir meine alptraumhafte Umgebung ins Gesicht. Aus diesem Alptraum gab es kein Entrinnen, wenn ich nicht aufgeben wollte! Einige - nur sehr wenige - hatten das getan. Sie hatten Häftlingskleidung angezogen und sich angepaßt. Das war aber nicht ihr Wunsch gewesen. Sie konnten bloß die nie nachlassende Bürde der Folter nicht mehr ertragen, die immerwährende Langeweile, Spannung und Furcht, den Entzug grundlegender Notwendigkeiten wie Bewegung und frische Luft, den fehlenden Kontakt mit anderen Menschen außer durch Rufe hinter einer verschlossenen schweren Stahltür.

Depression, Schläge, Kälte - wozu das Ganze, sagte ich zu mir. Wenn du aus dem Fenster schaust, schreit dich das Konzentrationslager an. Wenn du dich in dem Grab, in dem du überlebst, umblickst, merkst du, daß du in der Hölle bist, und schwarze Teufelchen in Gestalt von A, B und C sind in jeder Minute jedes stinkenden alptraumhaften Tages bereit, über dich herzufallen.

Ich zerrte meine Matratze in ihre frühere Position auf dem Boden zurück und setzte mich. Die ersten Wolken der Depression senkten sich auf mich herab. Ich versuchte, mich mit dem Gedanken an den bevorstehenden Besuch zu trösten.

Ich dachte an Pee Wee und brachte in Gedanken gerade B und C um, als ausbrechender Jubel die Ankunft des langersehnten Essens ankündigte. Der »Wonnewagen«, der Lkw, der das Essen vom Küchenhaus zu den H-Blocks brachte, war eingetroffen. Gott sei Dank, dachte ich, und die drohende Depression verflog. Die Zellen schienen zu summen, als plötzlich Lebenszeichen aus den Gräbern um mich herum hörbar wurden. Einige gingen ans Fenster und klönten ein bißchen. Die Ankunft des Essens bedeutete mehr als nur den Erhalt der Nahrung. Sie kündigte auch an, daß die Wärter bald ihre zweistündige Mittagspause antreten würden. Sie verschaffte uns zwei Stunden relativer Sicherheit, und schließlich zeigte sie noch an, daß wir nun nur noch den halben Tag zu überstehen hatten.

Draußen nieselte es. Ich betete zu Gott, daß der Regen nicht stärker werden würde, denn wenn der Schnee schmilzt, werden sie mit Schläuchen die Außenseite der Zellen und den Hof reinigen. Und das bedeutete für uns, von dem unter Hochdruck stehenden Wasser durchgeweicht zu werden. Bei diesem Wetter würden wir erfrieren, wenn wir oder unser Bettzeug naß würden. Es hilft nichts, sich in der Ecke zu verstecken, um dem mächtigen Wasserstrahl zu entgehen. In den Fenstern sind ja keine Glasscheiben, die ihn aufhalten könnten!

Ein Schloß klapperte und eine Tür wurde geöffnet.

»Essen!« rief jemand auf Irisch.

Sofort vergaß ich den Hochdruckschlauch und stürzte zu meinem kleinen Sehschlitz. Ich sah sie auf der anderen Seite des Flügels. Ich komme zuletzt dran, dachte ich. Die Plastikteller waren auf dem Wagen übereinander gestapelt. Die Wärter reichten sie in die Zellen. B brach Fischstücke ab und aß sie auf. Ich kochte vor Zorn.

»Heute gibt's Fenier[4]-Steaks«, rief B. Er lachte über seinen eigenen krankhaften Witz.

»Hoffentlich ersticken sie dran«, sagte C, der zu allem seinen Senf geben mußte. Die Essensprozession bewegte sich weiter. Sie erreichte das Ende des Flügels und machte kehrt. Ich hörte, als sie näher kam, wie die Türen auf meiner Seite geöffnet und wieder zugeschlagen wurden.

B rief: »Mr. A, wir scheinen einen Fisch zu wenig zu haben.«

Ein Gefühl der Übelkeit traf mich in der Brust, machte mich fast zum Krüppel. Ich war der Letzte. Dieser verdammte Bastard B hatte meinen Fisch gegessen. Ich hätte es am Liebsten hinausgebrüllt, aber genau das wollten sie ja.

»Ah! Mr. A«, sagte B, »ich glaube, ich habe mich geirrt. Es fehlt gar kein Fisch.«

Mein Herz wurde leichter.

»Es fehlen zwei, Mr. A...!«

Ich dachte, Seán würde die Tür eintreten. Ich klopfte schnell an die Wand, um ihn daran zu erinnern, daß er nicht allein war. Ich konnte hören wie er sie nach Strich und Faden ver-

---

[4] Fenier, engl. Fenians, irische Organisation, die um 1860 einen Aufstand vorbereitete, aber von den Briten rechtzeitig zerschlagen werden konnte; wird vielfach als Vorläuferin der IRA betrachtet. Interessierten sei das Buch: »My years in English Jails« von O'Donovan Rossa (zuerst veröffentlicht 1892, Neuauflage bei Anvil Books, Tralee, 1969, und bei Brandon Books, Dingle, 1991. Keine der beiden Neuausgaben ist vollständig, in keiner sind dieselben Kapitel der Originalausgabe enthalten) empfohlen. Rossa, der übrigens ebenfalls seine Berichte auf Klopapier schrieb und hinausschmuggeln ließ, wurde zusammen mit anderen Feniern freigelassen; seine Berichte verursachten nämlich einen Skandal und die Öffentlichkeit wollte sich mit den Verhältnissen in britischen Gefängnissen nicht abfinden. Die Verhältnisse im 19. Jahrhundert waren entsetzlich; viel schlimmer noch aber sind die heutigen.

fluchte. Ich fühlte mich so elend wie wahrscheinlich der Fisch, als er am Haken hing. Der eßbarste Teil des Essens würde fehlen. Es war eine Katastrophe, und Seán wußte das so gut wie ich.

Seáns Tür wurde geöffnet und wieder geschlossen. Ich nahm das kärgliche Essen entgegen, und A sülzte: »Wir scheinen ein paar Fische zu wenig zu haben. Ich werde dem Küchenhaus Bescheid geben, daß sie so schnell wie möglich noch welche schicken.«

In Wirklichkeit hieß das: »So ein Pech – ihr kriegt nichts.«

Einen Moment lang sah ich B, der feierlich seine Finger ableckte und der für diese Gelegenheit sein widerlichstes Lächeln aufgesetzt hatte. Ich wandte mich von der Tür ab, ohne auch nur ein Wort zu sagen oder ihnen auf andere Weise meinen Ekel zu zeigen. Die Tür schlug so laut wie ein Kanonenschuß hinter mir zu. Auf ihrem Weg zurück ins Büro amüsierten sie sich königlich.

Ich setzte mich und inspizierte mein mageres Essen: eine ungeschälte kalte Kartoffel und dreißig bis vierzig ebenso kalte, harte Erbsen. Die Wärter begannen mit ihrer täglichen getrommelten und gepfiffenen Darbietung von »The sash my father wore«[5]. B würde ihnen ein paar Zigaretten geben, einige sektiererische Witze reißen und sie zu weiteren ununterbrochenen Schikanen ermutigen. Die Wärter ihrerseits krochen ihm in seinen bigotten Hintern und schleimten, wie es nur Spitzeln und Pöbel möglich ist. Für eine Zigarette hätten sie ihre eigene Mutter verkauft. Was sie uns für denselben Preis antaten, hätte ihre armen Mütter krank gemacht.

Ich machte mich daran, das kalte Essen zu verschlingen, aß mit Mühe soviel ich konnte und warf den Rest in die Ecke zum anderen Dreck und Abfall.

---

[5] Loyalistisches Lied. Es gibt aber auch eine sehr verbreitete republikanische Spottversion.

»The sash my father wore« verstummte, und einige Minuten später wurden zu dem Ruf »Tellerholen«, der im Flügel wiederhallte, die Türen geöffnet. Ich lief wieder auf und ab, ohne einen Blick durch mein Guckloch zu werfen. Sie setzten ihren Weg fort, holten die Teller ab und gingen von Zelle zu Zelle. Ich hörte, wie Seán seinem Nachbarn erzählte, er sollte dem Oberkommandierenden sagen, daß Seán den Wärter um eine Rolle Toilettenpapier bitten wollte.

Der bevorstehende Besuch zerrte an meinen Nerven, die Aufregung beim bloßen Gedanken daran war stärker als meine Verstopfung. Und zum ersten Mal seit fünf Tagen begann mein Gedärm zu arbeiten.

Die Truppe hatte Seáns Tür erreicht.

»Kann ich ein bißchen Toilettenpapier kriegen, Mister?« fragte Seán.

»Putz ihn mit deiner Hand ab«, schnappte C und schlug die Tür zu.

C's krankhafter Witz brachte uns alle zur Hysterie. Meine Zellentür wurde geöffnet, und unter heiterem Tumult wurde mein Teller geholt. Kein Wort über meinen fehlenden Fisch, nur B's Zwitschern: »Guter Witz, Mr. C«, und wieder Gelächter.

»Ah, zweifellos, Mr. C – ein großartiger Witz. Ha, ha, ha, ha!«

Die Tür wurde zugeschlagen. C liebte es, uns zu demütigen. Er hatte die Mentalität eines Idioten. A genoß es, und die vier anderen wetteiferten um ihre stinkende Gunst. Ich klopfte an die Wand.

»Seán«, rief ich, »ich mach aus Handtuchfaden eine Schnur und schick dir ein paar Papiertaschentücher rüber, mo chara.[6] – Warte, bis die Wärter essen gehen«, fügte ich hinzu.

»Maith thú[7], Bobby«, sagte er. Ich setzte mich wieder, um die Schnur anzufertigen, indem ich lange Fäden aus dem Hand-

---

[6] Mo chara: irisch, «Mein Freund»
[7] Maith thú: irisch etwa »gut gemacht« (wörtl.: »gut dich«)

tuch riß und sie zusammenflocht. Das hat für C den Tag vervollkommnet, dachte ich, als ich an meiner Schnur arbeitete.

»Mr. B, haben Sie heute die Nachtwache?« fragte ein Wärter am anderen Ende des Flügels.

»Ja, so ist es«, rief B aus seinem Büro.

»Ho! Ho! Gut oder schlecht?« fragte ich mich. Er geht jetzt nach Hause, aber um halb neun ist er zur Nachtwache wieder hier. Dann ist er betrunken – und sofort wußte ich, was das bedeutete.

»Hast du gehört, Bobby«, rief Seán.

»Ich hab's gehört, Kamerad«, antwortete ich, und dachte, daß Seán zu derselben Schlußfolgerung gekommen war wie ich.

»Heute nacht gibt's Ärger!«

Ich stand auf, nahm ein verrottetes Kartöffelchen von einem Abfallhaufen und band es als Gewicht an die vollendete Schnur. Die Bürotür fiel ins Schloß und die verhaßten Schlüssel klapperten. Jetzt gehen sie, wie gut, dachte ich, ging ans Fenster und band mehrere Papiertücher an meine Schnur. Ich klopfte an die Wand.

»Bist du da, Seán?«

»Bin hier, Bobby«, sagte er.

Ich streckte meinen Arm aus dem offenen Fenster und begann, die Schnur über den fünf Fuß breiten Zwischenraum zu schwingen. Mehrere Male schlug sie gegen Seans Hand, bevor er sie zu fassen bekam.

»Ich hab sie, Bobby«, sagte er.

»Maith thú, Seán. Zieh sie rüber«, sagte ich.

Er zog die Schnur zu sich herein und brachte die dringend benötigten Papiertücher in Sicherheit. Dann klopfte er zur Bestätigung gegen die Wand. Ich antwortete auf dieselbe Weise und vertiefte mich wieder in meine Gedanken. An was konnte ich schon denken als an meinen Besuch – daran, meine Familie wiederzusehen. Und ich würde Tabak bekommen. Das war etwas, auf das ich mich freuen konnte. Ich hatte schon lange keine

Zigarette mehr gesehen, und mit etwas Glück würde ich heute Nacht für alle eine haben. Das wäre eine Errungenschaft und eine moralische Aufmunterung.

In meinem Gedärm rumorte es wieder. Das ist es, dachte ich, und nach fünf Tagen ernsthafter Verstopfung war es auf seine Weise ein tröstlicher Gedanke. Ich würde aufs Klo gehen müssen, und das hörte sich etwas lächerlich an. Ich nahm ein paar Papiertaschentücher und zog mich in eine Ecke zurück, in der ich nicht durch das Guckloch in der Zellentür gesehen werden konnte. Obwohl ich mich nun erleichtert fühlte, kam ich mir, zwischen Abfall und Dreck in der Ecke hockend, wie ein Tier vor. Aber es gab keine andere Möglichkeit. Es mußte sein, so demütigend es auch sein mochte. Schlimmer war es für die Jungs, die zu zweit in einer Zelle saßen. Ich war wenigstens ein bißchen ungestört.

Welcher der sogenannten Humanisten, die zu den H-Blocks geschwiegen haben, wer von ihnen wüßte einen Namen für diese Art der Erniedrigung und der Folter, durch die Menschen gezwungen werden, in Schmutzstreik zu treten, um zu zeigen, mit welcher Unmenschlichkeit sie behandelt werden! Was müssen wir leiden, dachte ich. Ein ungewaschener Körper, nackt und von Muskelschmerzen zerrissen, kauert in der Ecke, in einem Krankheitsloch, zwischen Haufen von verrottendem Abfall, und ist gezwungen, sein Bedürfnis auf dem Boden zu verrichten, wo die Exkremente dann liegen und der Geruch sich mit dem ohnehin schon ekelhaften üblen Gestank von Urin und verfaulenden Essensresten mischt. Sollen sie doch für diese Art der Folter einen Namen finden, dachte ich, stand auf und trat ans Fenster, um frische Luft zu schnappen, die Schläge, das Ausspülen der Zellen, der Hunger und die Entbehrungen, sollen sie doch verdammtnochmal einen Namen für diesen Alptraum der Alpträume finden!

Es nieselte nicht mehr, und der Schnee blieb unversehrt liegen. Ich fror nicht mehr so sehr, aber es war noch immer kalt. Einige Spatzen schleppten sich auf der Suche nach Eßbarem über den Schnee, und das erinnerte mich an den Fisch, den ich nicht bekommen hatte und auch nie bekommen würde! Ich hob ein paar Brotkrusten auf und warf sie den kleineren Erdenbürgern, den Sperlingen, zu, und beobachtete, wie sie sich die kleinen Herzen aus dem Leib pickten. An diesem Fenster habe ich viele Stunden damit zugebracht, Vögel zu beobachten, dachte ich. Spatzen, Stare, Krähen und Möwen waren meine ständigen Begleiter, und auch die kleinen Bachstelzen, die im Hof herumflatterten und mir Gesellschaft leisteten, bis die letzten Schatten des Tages verschwunden waren. Meine einzige Unterhaltung an den langen öden Tagen waren sie, und seitdem ich begonnen hatte, ihnen die Brotkrusten hinzuwerfen, kamen sie täglich. Sie mochten die Maden, dachte ich, und erinnerte mich an die schwülen Sommermonate, wenn die Zellen zu den reinsten Backöfen wurden und der Gestank der verrottenden Abfallhaufen und der Essensreste kaum noch zu ertragen war. Dann krochen die weißen, wimmelnden Maden zu Tausenden aus den Abfallhaufen.

Das werde ich nie vergessen, sagte ich mir, und dachte an den Morgen, an dem ich wachgeworden war und meine Decken und meine Matratze als lebendige Masse weißer Maden vorgefunden hatte. Sie waren in meinen Haaren und in meinem Bart und krochen über meinen nackten Körper. Sie waren widerlich, und, offen gestanden, zuerst beängstigend. Aber wie mit allem anderen hatte ich mich auch damit abgefunden, mit ihnen meine Zelle zu teilen. Nachts konnte ich sogar hören, wie sie auf dem Boden herumkrochen und ab und zu ein raschelndes Geräusch machten, wenn sie sich auf meine Matratze zubewegten. Dort ließen sie sich schließlich nieder, um in der Wärme zu eierähnlichen Kokons zu verhärten, ehe sie als Fliegen ausschlüpften. Es knackte, wenn ich in der Dunkelheit mit nackten Füßen auf sie trat und sie zerquetschte. Natürlich war ihr Endprodukt eine Plage und ausgesprochen nervtötend, hunderte von fetten aufgedunsenen Fliegen klebten an Decke und Wänden, quälten Tag und Nacht meinen nackten Leib, umringten mein Gesicht, wenn ich zu schlafen versuchte oder weckten mich morgens auf, und dann sah ich wie eine schwarze Wolke voller Panik auseinanderstob, wenn ich mich rührte. Aber die Maden ließen sich durchaus verwenden, wie ich bald herausfand. Ich hatte mich bald so an sie gewöhnt, daß ich sie vom Boden und den Abfallhaufen in den Ecken aufklaubte. Tausende wuselten da herum. Wenn ich die Hände mit ihnen voll hatte, warf ich die weiße zappelnde Masse aus dem Fenster, wobei sie über den pechschwarzen Teerschotterhof verteilt wurden. Vor diesem schwarzen Hintergrund war das weiße Gewimmel gut zu erkennen. Aufgeregt flatterten die Bachstelzen herbei, schossen auf ihren flinken Beinchen von einer Made zur anderen, labten sich an dem, was für sie eine Delikatesse sein mußte. In zwei bis drei Minuten waren alle Maden vom Hof verschwunden. Für mich war es wohl eine Betätigung, ein Zeitvertreib. Wer würde es schon glauben, daß man den Sommer mit Madensammeln verbracht hat, um die Vögel zu füttern.

Ich nahm ein paar Brotkrusten aus der Ecke, warf sie aus dem Fenster und gedachte wieder meiner kleinen Freunde. Für Vögel ist der Winter hart, wenn der Schnee den Boden bedeckt und das Land verbirgt.

Ich nahm meine Wanderung abermals auf, als jemand »Rang anois«[8] rief und so das Zeichen zum Irischunterricht gab.

Der Lehrer war am anderen Ende des Flügels. Hinter seiner schweren Stahltür rief er die Lektionen so laut er konnte, stellte Fragen, buchstabierte Wörter und Ausdrücke, und die willigen Schüler kratzten und kritzelten sie an die schmutzigen schadhaften Wände. Es war eine rauhe und holprige Lehrmethode, aber sie funktionierte, und alle versuchten, das Gelernte auszusprechen, bis Wörter und Ausdrücke so vertraut waren, daß sie

---

[8] Rang anois: irisch, »Jetzt Unterricht«.

instinktiv benutzt wurden. Ich drängte den Irischunterricht in den Hintergrund und stellte mir vor, wie sie sich zu Hause jetzt wohl für den nachmittäglichen Besuch fertigmachten, wenn sie nicht bereits unterwegs waren. Sie waren sicher genauso aufgeregt wie ich und konnten es kaum erwarten.

Es würde ein langer Tag für sie sein, mit Warten und Schlangestehen, wie Vieh von einem Tor zum nächsten getrieben. Von einer demütigenden Kontrolle zur anderen. Bevor sie endlich die Besucherzelle erreicht hätten, würden sie die Beleidigungen und die üblen, verachtenden Blicke der Wärter ertragen müssen. Dann würden sie das alles noch einmal durchmachen müssen, um wieder hinauszukommen.

Ein Wärter begann zu höhnen und zu rufen, um den Irischunterricht zu stören, aber die Jungs kümmerten sich nicht um ihn und machten weiter. Das passierte immer wieder. Aber wenn die Wärter nichts erreichten, verloren sie schnell die Lust und gingen. Ich setzte mich wieder auf die Matratze, mein Körper schmerzte noch immer, die Blutergüsse wurden mit jeder Stunde bunter. Ich war sehr müde und erschöpft, da ich so lange weder Bewegung noch frische Luft gehabt hatte, und langweilte mich zu Tode. Der bevorstehende Besuch ließ mir kaum die Möglichkeit zu denken. Aber es gibt immer jemanden, dem es noch schlechter geht als dir, sagte ich mir, und erinnerte mich nur zu gut an meine toten Kameraden und ihre Familien.

»Wenigstens kann ich dich einmal im Monat sehen«, sagte meine Mutter immer. »Besser, du bist hier als in Milltown.«[9]

Aber es gab auch Zeiten, in denen Milltown als die bessere Alternative erschien, wenn alles so unerträglich wurde, daß es ganz egal war, ob man lebte oder starb, um nur diesem schrecklichen Alptraum zu entrinnen. Sterben wir nicht sowieso, dachte ich. Degenerieren unsere Körper nicht und kommen zum

---

[9] Milltown: Friedhof in Belfast, auf dem auch Bobby Sands später begraben wurde.

Stillstand? Ich bin jetzt ein lebender Leichnam. Was werde ich in sechs Monaten sein? Werde ich in einem Jahr wohl noch leben? Darüber machte ich mir oft Sorgen, wälzte den Gedanken stundenlang im Kopf. Aber jetzt ist Schluß damit! Denn das einzige, was sie mir noch antun könnten, ist, mich zu töten. Das weiß ich seit einiger Zeit, und bei Gott, daß es ihnen noch bei keinem von uns gelungen ist, liegt nicht daran, daß sie es nicht versucht hätten! Aber ich bin entschlossen, niemals aufzugeben. Sie können mit mir machen, was sie wollen, aber ich werde mich niemals unterwerfen oder ihnen erlauben, mich zum Kriminellen abzustempeln.

Ich finde es verwirrend, mich sagen zu hören, daß ich eher sterben werde als mich ihrer qualvollen Unterdrückung zu fügen, und ich weiß, ich bin nicht allein, viele meiner Kameraden und Kameradinnen denken wie ich. Und wieder dachte ich an die toten Kameraden. Meine Freunde, die an einem Tag neben mir standen und am nächsten tot waren. Männer und Frauen wie ich, geboren und aufgewachsen in den nationalistischen Gettos von Belfast, um von ausländischen Soldaten und protestantischen Gewalttätern umgebracht zu werden. Wieviele sind von ihnen in den Six Counties[10] ermordet worden? Zu viele! Ein Mann oder eine Frau wäre schon zuviel gewesen! Wieviele Iren und Irinnen müssen noch sterben? Wieviele Leben müssen noch geopfert werden, bis die Briten endlich genug gemordet haben und Irland für immer verlassen? Ob im Gefängnis oder draußen – es ist dasselbe: Unterdrückung auf allen Ebenen. Jede Straßenecke zeigt einen bewaffneten britischen Soldaten, jede Straße muß Leid und Trauer ertragen.

---

[10] Six Counties: »Sechs Grafschaften«, der in Irland gebräuchliche Name für Nordirland. Durch den Vertrag von 1921 sechs von neun Grafschaften der Provinz Ulster abgespalten und unter britischer Herrschaft belassen, insofern ist es falsch, wenn von »Ulster« gesprochen wird und die Six Counties gemeint sind.

Ich war stolz darauf, nicht nachzugeben, mich zur Wehr zu setzen. Draußen konnten sie uns nicht schlagen; in ihren Höllenlöchern quälen sie uns gnadenlos und können uns trotzdem nicht besiegen. Ich hatte Angst, aber ich wußte, daß ich niemals aufgeben würde. Ich würde mich lieber der geballten Macht ihrer Foltermethoden stellen als mich zu unterwerfen. Ich zog an meinen Decken, um mich einzuwickeln, und drehte mich in der Hoffnung, ein bißchen schlafen zu können, auf die Seite. Die Wärter würden erst gegen zwei zurückkommen. B würde um halb neun wieder da sein, und ich überlegte, wer ihn wohl so lange ersetzen würde. Ich werd's schon früh genug erfahren, dachte ich, schloß die Augen und versuchte den Gedanken an meine Umgebung zu verdrängen.

»Ausspülung unterwegs! Ausspülung unterwegs!«

Im Erwachen sprang ich schon auf.

»Ausspülung unterwegs!«

Der Blecheimer klapperte und schepperte, ich fröstelte, und ein leeres, hohles Gefühl machte sich in meiner Magengrube breit. Seufzend sprang ich auf, befürchtete einen Krampf. Es ging mir einigermaßen, obwohl meine Augen einige Sekunden lang gegen Flimmern und drohende Ohnmacht kämpfen mußten.

Ich gewann die Oberhand und sprang zu meinem Sehschlitz an der Tür. Die Tür neben Pee Wees Zelle wurde geöffnet. A, B und C's Stellvertreter umstanden im Halbkreis den Eingang, umgeben von vier schleimenden Wärtern, einer von ihnen hielt ein squeegee (eine Stange mit einem Gummivorsatz, mit dem Wasser zum Abfluß geschoben wird). John O'Brien trat in die Türöffnung, umhangen von seiner Decke, leerte seinen Nachttopf auf dem Fußboden aus und trat in die Zelle zurück. Der Mann mit dem squeegee brauchte kein Signal. Er trat vor und schob die Urinpfütze in die Zelle zurück, genau auf John O'Briens Matratze zu. Die meisten der anderen Gefangenen gossen den Inhalt ihrer Pötte unter ihren Türen hindurch und schoben mit den Pötten den restlichen Urin hinterher. Unter meiner Tür war dafür nicht genug Platz. Oben und an der Seite klaffte zwar ein breiter Spalt, aber diese Art von Operation war nicht möglich. Ich würde die schwierigere Lösung versuchen müssen, meinen Topf auf dem Flur auszukippen, so wie John O'Brien es gemacht hatte, als die Tür geöffnet wurde. Es mußte sein. Wenn sie in meiner Zelle einen Topf mit Urin erwischten, würde er über meinem Kopf und meinem Bettzeug ausgeleert werden. Es gibt mehr als eine Methode, eine Katze zu häuten, oder, in unserem Fall, einen Kriegsgefangenen fertigzumachen, und diese hier war altbekannt. Ohne System öffneten sie mal diese oder jene Zelle, gingen von einer Seite des Flügels zur anderen. Es spielte keine Rolle, wessen Tür sie aufmachten, es war einfach eine weitere Schikane, ein Schritt zu neuer Tortur. Ich packte den Pott und stand einsatzbereit! Wenn ich doch einen Zellengenossen hätte, dachte ich und wünschte mir moralische Unterstützung. Aber auch Seán war allein, und ebenso der arme Pee Wee heute morgen. Sie wollten noch einen, das war der ganze Sinn der Aktion, das fühlte ich, und wir alle wußten es nur zu gut.

Mein Schloß klapperte und versetzte mich in Alarmbereitschaft. Ich stand parat, den Pott in der Hand, und hoffte aufs Beste. Die Tür öffnete sich. Ich sah sie nicht einmal an. Ich senkte den Pott, warf mitten im Manöver den Inhalt über Bord, hoffte, ihre stinkenden glänzenden Stiefel nicht zu treffen. Ich trat zurück, hob den Kopf, erwartete einen Schlag, der nicht kam. Ich starrte ihre Gesichter an. C und D waren sternhagelvoll. A grinste wie üblich. Der Wärter schob den stinkenden Mist in meine Zelle zurück, und tränkte damit Seiten und Boden meiner Matratze, bevor er den Rückzug antrat. Die Tür wurde zugeworfen. Ich hob meine Matratze hoch und drückte den Urin aus dem verdreckten Schaumgummi. Dann kratzte und schob ich die Pfütze zur Tür zurück.

Es war ein langer, langsamer Prozeß. Die Tür schloß sehr dicht ab. Der Urin sickerte nur langsam nach draußen. Im Flügel ging es weiter. Der Eimer klapperte, zeigte Gefahr an. Ein gelegentliches Platschen signalisierte einen weiteren geleerten Pott. Die Spannung ließ mich fast krank werden.

Dann geschah es. Plötzlicher Lärm, Rufen, Gebrüll und gehässiges Geschrei. Der Eimer schepperte zu Boden und ein dumpfer Schlägehagel war zu hören. Irgend etwas hörte sich an, als wenn ein Kopf gegen Stahlrohre schlägt. Ich ließ meinen Pott fallen, preßte mein Auge an mein Gucklock, und hörte eine Stimme: »Gib's ihnen!« Der Lärm dauerte an, bis ich A rufen hörte: »Das reicht!« Mehrere Wärter stürmten aus der anderen Seite des Flügels herbei, ihre schweren Stiefel platschten in die stinkenden Urinlachen auf dem Flurboden.

»Holt einen Wagen zu den Strafzellen«, schrie D mit seiner haßerfüllten dummen Stimme. Ich hörte neue Schläge, dann Schritte und böses Lachen, das Nahen rennender Menschen und offenbar strömendes Wasser. Vier schwarze Uniformen schossen durch mein Blickfeld, zerrten einen nackten Körper an den Füßen, sein Rücken schleifte über den Boden und sein Kopf schlug auf den Beton auf. Es ging so schnell, daß ich nicht erkennen konnte, wer es war. Aber sein Gesicht und sein Körper waren blutig, wer immer es sein mochte.

Einige Sekunden regte sich nichts. Eine finstere, gespannte Stille trat ein. Die Urinlachen wogten und kräuselten sich, und beruhigten sich dann zu stillen Teichen, während dieselben Geräusche wieder lauter wurden; schneller werdende Füße, Schläge, und dann eilte eine neue Masse schwarzer Figuren durch mein Blickfeld und zerrte einen anderen blutenden Körper an den Füßen gepackt vorbei. Die Geräusche ließen nach, und die Schmerzensschreie des nackten Körpers beim Erreichen der trockenen glänzenden Oberfläche am Ende des Flügels verstummten. Die finstere Stille nahm ihre häßliche Rolle wieder auf. Die Spannung hing wie ein Fallbeil über uns. Niemand wagte, laut zu atmen, aus Furcht, es konnte auf ihn herabfallen.

Es war nervenzerreißend und scheinbar endlos. Dann gellte ein Schrei den Flügel hinunter.

»Tiocfaidh ár lá!«[11] hallte es in furchteinflößenden Echos von den Wänden, zerbrach die Stille wie ein durch ein Fenster geworfener Stein, erhob die Herzen, nietete Bitterkeit und Haß an jede einzelne Silbe. »Unser Tag wird kommen!« Das war die Bedeutung, und unser Tag würde kommen, sagte ich mir, und dann helfe euch Gott, A, C und D, und auch dir, B, und jedem einzelnen von euch Mistkerlen, denn ihr seid alle gleich – Folterknechte.

»Tiocfaidh ár lá!« rief ich durch die Tür, und im ganzen Flügel sangen die Jungs. »A nation once again«[12] erklang hinter jeder Tür, und alle stimmten mit ein, um die gottlose Stille zu brechen, um uns aufzurichten und unsere erschütterte Moral zu stützen. Der Uringestank strömte zur Tür herein, füllte meine Augen mit Tränen und traf meine Kehle. Die Wärter versuchten »The sash« zu singen, wurden aber von einer Lärmexplosion übertönt, als die jetzt leeren Pötte gegen die schadhaften Türen geschlagen wurden, voll Trotz und Zorn.

»Tiocfaidh ár lá! All right!« sagte ich. »Und je eher, desto besser.«

Ich machte mich wieder an die Arbeit, den übriggebliebenen Urin zu meinen Füßen unter der Tür hindurch zu schieben. Der Lärm verstummte als die letzten Tropfen versickerten. Ich warf den Pott auf den Abfall in der Ecke und setzte mich auf meine Matratze, vermied mit den Füßen den feuchten Bereich. Ich war erschöpft und abgespannt, meine wirren Gedanken bettelten um Erlösung und Trost.

Der Lärm verklang völlig. Seán klopfte an die Wand, wie immer war er besorgt.

---

[11] Tiocfaidh ár lá: »Unser Tag wird kommen!«
[12] Irisches Lied, sollte ursprünglich nach 1921 die Nationalhymne werden, wurde aber durch das harmlose »Amhrán na bhFiann« ersetzt.

»In Ordnung, Bobby?« rief er.
»Alles klar, Seán. Wie steht's mit dir?«
»Sie sind nicht mal hiergewesen«, antwortete er.
»Wer ist rausgeschleift worden?« fragte ich.
»Ich weiß nicht«, sagte er, und fügte hinzu, daß er die Schnur weitergeschickt hatte, um es in Erfahrung zu bringen.
«Aber ich glaube, daß nur C und D geschlagen haben«, sagte er.
»Wahrscheinlich«, stimmte ich zu.
»Hey, Seán!« rief jemand, »das waren Liam Clarke und Seán Hughes. C und D haben hauptsächlich geschlagen. Der Typ mit dem squeegee hat sie fast umgebracht mit seiner Stange. Ohne Grund, Seán. Wie immer. Sie sind über sie hergefallen, als sie sich umdrehten und in die Zelle zurückgehen wollten.«

Ich überließ es Seán, am Fenster mit den anderen die Ereignisse zu diskutieren und nahm meine Wanderung wieder auf. Ich könnte jetzt jeden Augenblick zu meinem Besuch gerufen werden. Daß sie die beiden – und vorher Pee Wee O'Donnell – zusammengeschlagen hatten, hatte meinen Enthusiasmus vorübergehend gedämpft. Ich mußte einfach daran denken, wie sie jetzt im Strafblock lagen, und vermutlich von den Sadisten, die diese Folterkammer in der Folterkammer so meisterlich betreiben, noch einmal brutal verprügelt würden.

Ich wußte nur zu gut, wie es dort aussah. Alle fürchteten sich davor. Der Strafblock bedeutete Folter, Brutalität und Unmenschlichkeit. Das wußten sogar die Wärter, wenn sie es auch nicht zugaben.

Vor einigen Monaten hatte ich drei Tage dort verbracht – drei der längsten und unerträglichsten Tage meines Lebens. Ich wurde nackt aus meiner Zelle geholt und in einem verdunkelten Wagen zum Strafblock gefahren. Als ich dort aus dem Wagen stieg, packten sie mich von allen Seiten und traten und schlugen mich zu Boden. Kein einziges Wort war gesprochen worden, nicht einmal eine Drohung. Ich war ein republikanischer Blanketman[13] und eine andere Begründung brauchten sie nicht. Ich begriff kaum, was geschah oder passiert war, als sie mich an den Haaren über harten Steinschutt zum Tor des Strafblocks schleiften. Einer schellte und ein Wärter kam heraus und öffnete das Tor, um sie einzulassen. Ich lag zu ihren Füßen, betäubt, geschockt und nach Luft schnappend. Mein Herz hämmerte und mein Körper schien zu brennen, zerschunden von dem rauhen Beton, der meine nackte Haut zerrissen hatte. Mein Gesicht war warm und naß von dem Blut, das aus einer Wunde an meinem Kopf sprudelte. Ich lag ganz still, stellte mich tot, hoffte, sie würden mich für bewußtlos halten und sich damit zufrieden geben. Meine Wange ruhte auf der kalten, harten, schwarzen Oberfläche, aber mein Körper spürte die schneidende Kälte nicht. Ich murmelte ein »Gegrüßet seist du, Maria« und ein hastiges Reuegebet, als ich hörte, wie das Klirren von Schlüsseln näher kam. Mehrere behandschuhte Hände packten meine Arme und Füße, hoben meinen Körper vom Boden und schwangen mich in einer einzigen Bewegung nach hinten. Das volle Gewicht meines Körpers trieb mich wieder vorwärts, und mein Kopf schlug gegen das Wellblech, das das Tor umgab. Der Himmel schien auf mich niederzusausen, als sie mich fallen ließen. Viele winzige weiße Sterne explodierten wie ein Feuerwerk, das plötzlich von einer Wolke aus tintenhafter Schwärze ausgelöscht wurde. Ich kam auf dem Zellenboden im Strafblock wieder zu mir.

Ich öffnete meine Augen. In meinem Kopf drehte sich alles. Die helle Deckenlampe schien sich spiralenförmig zu senken und blendete mich. Von meinen ungeheuren Kopfschmerzen wurde mir schlecht. Mein ganzer Körper schmerzte. Ich lag starr

---

[13] »Deckenmann« – Bezeichnung für einen Gefangenen, der aus Widerstand gegen die Aberkennung des Sonderstatusses der politischen Gefangenen das Tragen von Häftlingskleidung verweigerte und sich statt dessen nur in Decken wickelte.

auf dem Boden, fürchtete jede Bewegung, meine geschwollenen Lippen schmeckten nach Blut, und ich kämpfte darum, herauszufinden, wo ich mich befand und was geschehen war. Der schrecklich kalte Betonfußboden bedeutete, ich würde aufstehen müssen oder eine Lungenentzündung riskieren. Ich kam zuerst langsam auf die Knie. Die Wände stürzten auf mich zu. Ich fiel. Nach einer Ewigkeit versuchte ich es wieder, obwohl krampfhafte Schmerzen meinen Körper fast unbrauchbar machten. Ich kam auf die Knie. Meine Haut brannte, weil das rohe Fleisch der vielen Wunden am kalten Boden klebte. Ich kam auf die Füße. Fast wäre ich wieder gefallen, aber mit Hilfe der Wand taumelte ich zu dem Betonblock, der als Stuhl diente, und ließ mich darauf fallen. Ich fühlte mich, als müßte ich sterben. Schmerz und Schock setzten mir so zu, daß ich nicht wußte, was zu tun sei. Ich konnte nicht denken. Jede kleinste Bewegung ließ mich zittern und vor Schmerzen nach Luft schnappen. Ich war kurz vor dem Schreien, als sich die Zellentür öffnete und die weiße Gestalt eines Wärters offenbarte, der in die Zelle trat. Der Mann in seinem weißen Kittel fing an, mich zu untersuchen, machte sich an meinem Körper zu schaffen, bohrte und drückte, imitierte das Gehabe eines Arztes, versuchte, das Publikum von Wärtern zu beeindrucken, das den Zelleneingang umstand.

Nachdem er seine Beobachtungen, oder was es sonst war, gemacht hatte, teilte er mir arrogant mit, daß ich erst baden müßte, ehe ich den Arzt sehen und behandelt werden dürfe. Ich starrte ihn voller Unglauben an. Er wiederholte das Gesagte mit strenger, drohender Stimme. Er wußte, was er tat. Er wußte, daß ich verletzt war und sofortige Behandlung brauchte, aber er setzte mich unter Zwang, nötigte mich. Kein Bad – keine Behandlung. Darüber hinaus tat mir alles so weh, daß ich mich kaum bewegen konnte, von Baden ganz zu schweigen, und ich hatte nicht die Absicht, den Waschstreik zu brechen. Verletzt oder sterbend, ich wollte mich weder ihm noch sonst jemandem fügen. Ich wußte, was kommen würde. Sein Ultimatum wurde zum Befehl.

»Fall tot um«, sagte ich wütend. Das herumlungernde Preßkommando[14] hob mich, ohne Fragen wie »Wo bist du verletzt« oder andere Zeremonien, wie ein Lumpenbündel hoch, trug mich zu einem bereits eingelaufenen Bad, und ließ mich wie ein Stück Seife ins Wasser fallen. Der Schock, als das eiskalte Wasser meinen zerschlissenen Körper umschlang, verschlug mir fast den Atem.

Jeder Körperteil brannte gnadenlos, als das stark desinfizierte Wasser mein nacktes rohes Fleisch angriff. Ich machte einen sofortigen tapferen Versuch, aus dem eiskalten stechenden Wasser aufzustehen, aber die Wärter hielten mich fest und einer begann, meinen ohnehin schon zerfetzten Rücken mit einer schweren Bürste zu schrubben. Ich schrumpfte vor Schmerz zusammen und kämpfte um Erlösung, doch je mehr ich mich wehrte, desto fester wurde ihr eiserner Griff. Tränen strömten mir in die Augen. Ich hätte geschrien, hätte ich meinen Atem anhalten können. Sie schrubbten jeden Teil meines gemarterten Körpers, gossen Eimer mit eiskaltem Wasser und seifiger Flüssigkeit über mir aus. Ich erinnere mich vage daran, wie ich aus dem eiskalten Wasser gehoben wurde – die Sadisten hatten meine Hoden gepackt und schrubbten meine Genitalien ab. Das war meine letzte Erinnerung. Dann fiel ich in Ohnmacht.

Ich wurde in eine braune Decke gewickelt und zum Gefängniskrankenhaus gebracht, wo der Arzt mich untersuchte. Ich blieb zwei Stunden dort, und wurde dann vermummt wie eine Mumie, mit blauem Auge und sieben Stichen im Kopf, zurück in meine Strafzelle geschafft. Dort saß ich dann in einer einzigen versifften Decke, die nach Urin und schalem Rauch stank. Ich hatte mich wieder gefaßt, obwohl ich etwas verwirrt war und noch immer versuchte, die schrecklichen Geschehnisse auf die

---

[14] In früheren Jahrhunderten die Bezeichnung für Soldaten, deren Aufgabe es war, durch List oder Gewalt junge Männer zum Eintritt ins Militär zu bewegen.

Reihe zu bekommen. Aber das wurde bald von dem Gedanken an das Bevorstehende überschattet. Niemand konnte etwas für mich tun. Ich konnte keiner Seele etwas sagen, denn ich war isoliert, allein und verletzbar. Ich war ihrer Gnade ausgeliefert und hatte bereits entdeckt und gelernt, daß sie die Bedeutung dieses Wortes nicht kannten. Das Schlimmste war vielleicht, daß ich sehr fror, aber nicht herumlaufen und warm werden konnte, und daß ich mir selber leid tat. Später kamen die Wärter zurück und zerrten mich wieder nackt aus der Zelle, um zur üblichen Farce der Untersuchung vor dem Gefängnisdirektor zu erscheinen. Ich stand nackt, gedemütigt und verlegen vor ihnen, mein Kopf schien von den Schmerzen der früheren Schläge zu bersten. Mir wurde »Befehlsverweigerung« vorgeworfen – das bedeutet, daß ich nicht mit dem Wärter, der in meinem Darmausgang herumstochern wollte, zusammengearbeitet hatte. Mit anderen Worten, ich hatte mich ganz einfach geweigert, das zuzulassen. Aber dieser Vorwurf kam, weil mich drei oder vier von ihnen hatten festhalten müssen. Der besagte Wärter war der im weißen Kittel gewesen. Es hätte keinen Unterschied gemacht, wenn er ein Gehirnchirurg gewesen wäre, denn sein Motiv war lediglich, mich zu erniedrigen und zu demütigen, als Teil der allgemeinen Folter, die unseren Widerstand brechen sollte. Ich wurde für schuldig befunden – nicht, daß ich etwas anderes erwartet hatte – und zu drei Tagen Strafzelle mit Hungerkost, was höflich »Kost Nr.1« genannt wurde, verurteilt. Außerdem verlor ich einen Monat Straferlaß, das Äquivalent von einer Gefängnisstrafe von zwei Monaten.

Kurz gesagt, mir wurde vorgeworfen, die vier Wärter angegriffen zu haben, die mich an diesem Morgen fast ermordet hatten, und, um das klarzustellen, mir wurde weiterhin vorgeworfen, mir selber meine Wunden beigebracht zu haben. Mit allerlei Umschweifen teilten sie mir mit, daß ich mit einer Anklage wegen Verleumdung von Gefängnispersonal zu rechnen hätte, wenn ich es wagen sollte, eine formelle Beschwerde einzureichen. Hier kann man nicht gewinnen, dachte ich, und hätte mich wieder übergeben können, als sie mich zu meiner Zelle zurückschleiften. Ich würde nun drei Tage hier verbringen müssen, und, gegen Ende des Monats, noch weitere fünfzehn. Dafür würde das Board of Visitors sorgen.[15]

Die Zelle war eiskalt, kahl und einsam. Ich war schon einmal hier gewesen und wußte also, wie unerträglich und öde es werden würde. Ein Brett auf dem Betonfußboden stellte mein Bett dar, ein Betonblock den Tisch und ein weiterer den Stuhl. Eine Bibel, ein Pott und ein Wasserbehälter waren die restlichen drei sichtbaren Gegenstände. Hier blieb ich die drei Tage lang und wurde noch zwei Mal verprügelt, wenn auch nicht so schlimm wie zur Begrüßung. Als der Pott geleert werden mußte, versuchten sie mich unter Druck zu setzen.

»Zieh Gefängniskleidung an und kipp ihn aus«, sagten sie.

Ich weigerte mich. Also leerten sie ihn in der Zelle aus. Ich stapfte durch die Urinlachen hindurch, ohne mich darum zu kümmern. Ich mußte warm werden. Mein Körper war immer noch wie betäubt. Während der beiden ersten Tage konnte ich kaum gehen, und wurde immer schwächer, als die Hungerkost ihren Tribut forderte. Meine tägliche Nahrung bestand aus zwei Scheiben Brot, trocken und fad, und einem Becher schwarzen, lauwarmen Tees zum Frühstück. Mittags gab es einen kleinen Teller wässerige Suppe. Das Abendessen war wie das Frühstück. Am dritten Tag verlor ich das Bewußtsein und lag auf dem Betonboden. Einige Zeit später kam ich wieder zu mir.

Als ich in den H-Block zurückkehrte, waren sogar die Wärter von meiner todesähnlichen Erscheinung entsetzt. Ich war körperlich zerstört und geistig erschöpft. Hunger, Schläge, Zwangs-

---

[15] Board of Visitors: unabhängiges Gremium, dessen Mitglieder im Grunde nichts mit dem Gefängnis zu tun haben; soll die Zustände im Gefängnis überwachen und die Beschwerden der Gefangenen entgegennehmen.

baden, Langeweile und Kälte blieben mir in Erinnerung, hinterließen tiefe Narben von Haß, Bitterkeit und Rachegedanken. Zwei Wochen später mußte ich abermals fünfzehn Tage dort verbringen. Es war derselbe Alptraum, multipliziert mit fünf. Ich lebte wie ein irres Tier, aß mit den Händen. Jeweils nach drei Tagen ließen sie mich hungern, und wieder stapfte ich durch den Dreck, versuchte, warm zu werden, nahm die Schläge hin, betete zu mir selber, weinte im Schlaf, bekämpfte immer wieder den Drang, nachzugeben, mich ihnen zu ergeben.

Aber ich überlebte. Ich besiegte sie ein weiteres Mal. Die Folterkerker und die Sadisten hatten meinen Körper zerstört, mit meinem Geist aber nicht fertigwerden können. Erst drei Wochen später hatte ich mich von dieser Quälerei erholt. Mein Geist wird sich nie davon erholen. Gott allein weiß, wieviele von uns diesem Alptraum unterworfen worden sind. Der arme Pee Wee und die beiden anderen machen es gerade jetzt durch. Wie viele werden noch an die Reihe kommen, und wie lange kann es dauern, bis jemand totgeschlagen wird? Ich fragte mich »Wie soll das alles enden?« und setzte mich wieder auf meine Matratze.

Der Nachmittag wurde älter, und ich begann, mir die ersten Sorgen zu machen. Wo blieb mein Besuch? Ich wartete darauf, daß das Telefon am Ende des Flügels schellte, um A die Ankunft meiner Besucher mitzuteilen. Ich begann, Fäden aus einer meiner dünnen Decken zu ziehen und sie zum Zeitvertreib zusammenzuflechten, zu einer langen Schnur, die hoffentlich später nützlich sein würde. Schnee rieselte zum Fenster herein. Das Licht des Nachmittags verblaßte, wurde mit jeder Minute trüber. Das Krächzen der Krähen, auf dem Heimweg von den nahen Feldern, war durch den leichten Abendwind klar zu hören. Ich erhob mich und trat ans Fenster, beobachtete wie die Krähen in der Ferne verschwanden. Tausende von verschiedenfarbigen Lichtern beleuchteten ihre Umgebung, als sie nach und nach angeschaltet wurden. Vor meinen Augen funkelten die Lichter, und der schneebedeckte Stacheldrahtzaun glänzte. Die Dunkelheit hatte das graue Tageslicht verschluckt. Es mußte schon sehr spät sein, dachte ich, versteckte die geflochtene Schnur in einem Loch in der Matratze und spürte, wie die Panik in mir wuchs. Ich grübelte, was wohl mit meinem Besuch geschehen sein könnte. Es muß mindestens schon halb fünf sein, dachte ich. Was ist passiert? Das Telefon schellte. Ich spannte alle Kräfte an, in der Hoffnung, die langersehnte Nachricht zu hören. A wurde zum anderen Ende des Flügels gerufen. Das ist es, dachte ich aufgeregt und setzte mich ungeduldig wieder hin, um die weitere Entwicklung abzuwarten. Die Minuten schleppten sich dahin und noch immer bestätigten keine Anzeichen, daß mein Besuch eingetroffen war. Fünf Minuten! Jetzt zehn Minuten! Dann das Klirren der Schlüssel und sich nähernde Schritte. Das warnende Klappern des Schlosses, und die Tür wurde geöffnet. C und D standen vor mir.

»Besuch, du Schwein«, fauchte C mich an, Haß hing an jeder Silbe. Wenn es nach C ginge, würde ich an die nächste Wand gestellt und erschossen werden. Ich erhob mich von der Matratze, ließ die Decken auf den Boden fallen und wickelte ein Handtuch um meinen Leib. Ich trat aus der Zelle auf den urinbedeckten Flur hinaus.

Im Flur war es wärmer als in den Zellen. Das fiel mir sofort auf. Ich stapfte durch den Urinfluß zur Zelle, in der die Gefängniskleidung aufbewahrt wurde. Nur zur Besuchszeit zogen wir nämlich die Häftlingsuniform an. Ich blickte mich um und packte den nächstliegenden Anzug. Ich wollte gerade das Hemd anziehen, als D sagte: »Halt! Laß das Handtuch fallen und stell dich über den Spiegel«, und auf einen großen Spiegel zeigte, der auf dem Boden lag. Ich tat wie mir geheißen. Dann befahl er mir, mich zu bücken und meine Zehen zu umfassen. Ich weigerte mich. A wurde gerufen und kam in die Zelle. Dann packten mich alle drei und zwangen mich, mich zu bücken. A und D hielten mich, während C meinen Anus inspizierte. Nach einigen Sekunden ließen sie los und ich erhob mich und zog mich an.

»Mistkerle«, sagte ich mir. Sie hatten mir nicht einmal befohlen, den Mund aufzumachen. Sie wollten mich nicht untersuchen, sondern demütigen!

Ich verließ die Zelle, angekleidet und angeekelt, schob die Tatsache, daß sie meinen Mund nicht untersucht hatten, in den Hintergrund und erinnerte mich daran, daß mir das Schlimmste noch bevor stand.

Sie schlossen mich zwischen den Stahlgittern am Ende des Flügels ein. Ich bot einen erbärmlichen Anblick: Schmutziges Gesicht, zottige Haare und Bart, die um einige Nummern zu große Gefängnisuniform schlenkerte um mich herum. Es war mir scheißegal. Je eher ich sie wieder ablegen konnte, um so besser, und zum Teufel mit meinem Aussehen! Ich wurde gefoltert, nicht manikürt. Ein Wärter kam und öffnete die Tür im Gitter, wohinter ein anderer darauf wartete, mich zu meinem Besuch zu begleiten. Er führte mich hinaus zu einem verdunkelten Transit, der vor der Hoftür stand, und der mit laufendem Motor die Abgase aus seinem Hinterteil in die Dunkelheit hinausrülpste. Ich zitterte, als ich mich auf der harten Bank niederließ. Ich hatte gehofft, daß noch andere zum Besuchsraum gebracht würden, aber der Wagen war leer und dunkel. Mein Begleiter kletterte hinten hinein und schloß die Tür, wodurch das Innere stockfinster wurde.

»Los!« rief er dem Fahrer zu, der sofort Gas gab. Wir passierten das Eingangstor zu den H-Blocks – die Pforte des Hades, dachte ich. Der Wärter verfluchte die klappernde Tür und hielt sie fest, damit sie nicht aufflog. Er versuchte, mit mir Konversation zu treiben.

»Seit wann sitzt du jetzt in der Decke?« erkundigte er sich, und fügte sofort hinzu: »Findest du nicht, du solltest sie mal langsam wegpacken?«

»Nein, find ich nicht«, antwortete ich trocken.

»Das führt doch zu nix«, sagte er nebenbei.

»Nichts führt irgendwohin, solange man nicht da angekommen ist, wo man hin will«, sagte ich scharf.

»Du bist verrückt«, sagte er. »Wenn ich an deiner Stelle wäre, würde ich das nicht tun.« »Da bin ich sicher«, sagte ich. »Das kommt vielleicht davon, daß du Wärter bist und ich politischer Gefangener.«

Die letzte Bemerkung schmeckte ihm nicht, schien mir, denn er wurde sehr still.

»Sein Gesicht ist bestimmt rot«, dachte ich.

»Außerdem«, sagte ich und legte den Finger auf den wunden Punkt, »zum Schluß wirst du dich mehr im Stich gelassen fühlen können als irgend jemand sonst.«

»Wie das?« murmelte er.

»Ganz einfach«, sagte ich, »wenn uns die Britische Regierung mit einem Federstrich den politischen Status wieder zuerkennt, oder, noch besser, wenn sie ihre Absicht erklären, sich zurückzuziehen, und das werden sie tun, wenn die Notwendigkeit sie dazu zwingt, dann bist du der Angeschmierte. Was wirst du dann machen?«

»Das wird nie geschehen«, sagte er nervös.

»Oh doch, es wird«, sagte ich. »Schließlich ist es anderswo schon lange so weit, in Zypern, Palästina, Aden. Ja, ganz bestimmt wird es wieder passieren«, fügte ich hinzu, um das Maß vollzumachen, als der Wagen jäh zum Stillstand kam. Er öffnete die Tür und stieg aus, dabei winkte er mir, ihm zu folgen. Jetzt war er nicht mehr so munter, stellte ich fest. Ich habe die Besten von ihnen in Angst versetzt. Keiner von ihnen liebte den Gedanken, im Stich gelassen zu werden, vor allem angesichts des Schrecklichen, was sie begangen hatten und noch beginnen. Ich passierte die Durchsuchungszellen, in denen die von ihrem Besuch zurückkehrenden lebhaften Handel trieben. Es waren nur Untersuchungs- und normale Häftlinge. Die spezielle Untersuchungshütte für die Blanketmen stand von allen anderen entfernt und sah düster und schrecklich aus. Schneeflecken klammerten sich am Holz an und ließen die Hütte einsam und verzweifelt wirken, aber trotzdem wurde sie benutzt. Ein schwerer dumpfer Schlag und ein Ruf aus ihrem Inneren stellten das bald unter Beweis.

Ich betrat das Besuchsgebäude und stand eine Weile im grellen Licht, während der Wärter sich erkundigte, zu welcher Besucherzelle ich gebracht werden sollte. Dutzende von Wärtern musterten mich im Vorbeigehen von Kopf bis Fuß, machten höhnische Bemerkungen. Ich ignorierte sie. Das Gewühl um mich herum erschien unwirklich. Eine solche Veränderung der Atmosphäre war ich nicht gewöhnt. Es war nicht die mörderische spannungsgeladene Atmosphäre, die jeden Tag im H-Block über mir hing. Auch hier waren zwar viele scheußliche Wärter, aber sie waren mit anderem beschäftigt und ausnahmsweise nicht mit mir, Gott sei Dank!

Der Wärter kam zurück und führte mich in einen großen Besucherraum.

»Zelle 7«, sagte er.

»Jesus«, dachte ich. »Nr. 7 ist ganz am Ende, wo die meisten Wärter herumlungern.«

Der Wärter öffnete die Tür, und ich betrat einen Raum, so groß wie eine Theaterbühne. Zuerst umgab mich das Summen der geflüsterten Unterhaltung, dann die Rauchwolken, die farbenfrohe Kleidung der kleinen Besuchergruppen, die sich wispernd und murmelnd über die Tische in den offenen Zellen beugten, schließlich die schwarze Masse der hin und her schreitenden Wärter, die ihnen im Nacken saßen, untereinander Witze rissen und die Luft mit ihrem lauten Gelächter erfüllten. Ich blickte die Nummern 12, 11, 10, 9 an und ging auf Zelle 7 zu. Freundliche, mitleidige Gesichter lächelten mich aus den offenen Zellen heraus ermutigend an. Mütter, Frauen, Töchter, Schwestern und Brüder, die Kinder und Väter meiner Kameraden. Ich lächelte zurück, so gut ich konnte, und verspürte mehr als Sorge und Mitleid für sie.

»Gott segne dich, mein Sohn«, rief mir eine alte Frau zu. »Halt die Ohren steif«, fügte sie hinzu.

Ich hätte weinen mögen.

»Weiter«, fauchte ein Wärter mich an. Wie betäubt musterte ich im Vorbeigehen die Zellen. Meine Kameraden und ihre Familien lächelten und riefen mir zu. Ich ging in Zelle 7 und setzte mich gedankenlos ans falsche Ende. Die in der Nähe lauernden Wärter hätten mich am Liebsten aufgefressen.

»Steh auf und mach, daß du auf die andere Seite vom Tisch kommst«, schnappten sie, und schienen zu wetteifern, wer der Herrischste und Grantigste wäre.

Ich wechselte die Seite.

»Mistkerle«, sagte ich zu mir.

»Wie geht es dir, mein Sohn?« rief ein Alter mit Derry-Akzent, als er an meiner Zelle vorbeikam.

»Ich lebe noch«, sagte ich, und das war genau die Wahrheit und nicht mehr!

»Das ist gut, und Gott soll euch alle schützen«, rief eine Frau mittleren Alters mit einem Tyrone[16]-Akzent. Ganz schöne Entfernung, dachte ich, für einen Besuch von einer halben Stunde!

Die Wärter lungerten weiter herum, immer wachsam und auf jedes Wort horchend. Mein Begleiter stand mit drei anderen neben meiner Zelle und klönte. Drei oder vier kamen um die Abtrennung neben meiner Zelle. Dann erschien meine Mutter, direkt gefolgt von meinem Vater und meiner Schwester. Ich erhob mich, um sie zu begrüßen, als sie sich der Zelle näherten. Ich sah, wie sich meine Mutter für den Bruchteil einer Sekunde umblickte, ehe sie mich umarmte, dann spürte ich, wie ihre Hand die Seite meiner ausgebeulten Jacke berührte. Die Wärterversammlung wurde durch meinen Vater und meine Schwester

---

[16] Tyrone: Einer der Six Counties

teilweise verdeckt. Diejenigen, die an den Zellen entlang streunten, drehten uns die Rücken zu. Es ging sehr schnell. Ich wußte, was es war, und daß es jetzt in meiner linken Tasche steckte. Meine Schwester war zu mir getreten und umarmte mich, während mein Vater mir die Hand schüttelte. Meine Augen musterten die Gesichter der Wärter, auf der Suche nach einem Anzeichen dafür, ob sie etwas gemerkt hatten. Ich fand keines, aber mein Herz blieb stehen, als sie sich der Zelle näherten. Meine Mutter und ich setzten uns nebeneinander. Mein Vater und meine Schwester nahmen auf der anderen Seite des einfachen Holztisches Platz, der zur Trennung von Häftlingen und Besuchern diente. »He Sie!« schrie ein Wärter.

Ich fiel fast vom Stuhl, ich war sicher, daß ich jetzt entlarvt wäre.

»Sie müssen sich vom Häftling entfernen und sich auf die andere Seite vom Tisch setzen«, sagte der Wärter zu meiner Mutter.

Mein Herz hämmerte und ein kränkliches Gefühl packte meine Brust. Einige schreckliche Sekunden lang dachte ich, ich wäre erwischt worden. Und das hätte mir gerade noch gefehlt.

»Vom Häftling?« sagte meine Mutter erbittert. »Das ist mein Sohn. Ich kann doch wohl neben meinem Sohn sitzen?«

»Nein, ich fürchte, Sie können nicht«, sagte er.

»Das stimmt, Sie können nicht. Gefängnisregeln«, sekundierte ein anderer.

Ich war zu sehr damit beschäftigt, mich von der schrecklichen Angst zu erholen, um zu streiten. Meine Mutter, die den Verlust des Besuches fürchtete, stellte etwas zögernd ihren Stuhl auf die andere Seite des Tisches neben meine Schwester und meinen Vater.

Die Wärter, die unnachgiebig stehengeblieben waren, um zu sehen, daß ihr Befehl ausgeführt wurde, verzogen sich nun, indem sie ganze drei Fuß von der Zelle zurücktraten, wo sie sich mit gedämpften Stimmen unterhielten und uns die ganze

Zeit anstarrten. Ich wandte mich auf meinem Stuhl um, kehrte ihnen den Rücken und begann, mit meiner Familie zu reden.

»Wie geht es dir, mein Sohn?« fragte meine Mutter.

»Gar nicht so schlecht, Ma«, antwortete ich, weil ich in ihrem Gesicht ihre Sorge wegen meines schrecklichen Aussehens erkannte.

»Dein Bart ist seit dem letzten Mal gewachsen«, scherzte mein Vater, und meine Schwester fragte, ob es in den Zellen kalt wäre. Mein Vater zog eine Packung Zigaretten hervor und gab mir eine. Ich zündete sie mit dem einzigen Streichholz an, das sie mitbringen durften. Meine Mutter hielt meine andere Hand. Hinter mir hörte ich das Schlurfen von Füßen. Mir war klar, daß die Wärter jede Bewegung und jedes Wort beobachteten und abwägten.

»Wie geht es euch allen?« fragte ich und setzte hinzu, daß ich fand, sie sähen alle sehr gut aus. Von der Zigarette wurde mir wirr im Kopf, aber ich hatte zu verdammt oft von ihr geträumt, um sie jetzt zu verschmähen.

»Wie geht es allen anderen?« fragte ich und lauschte eifrig den Antworten. Alle drei wetteiferten darum, sprechen zu können. Es gab so viel zu erzählen und so viele Fragen, die ich beantwortet haben wollte. Die Unterhaltung war ein einziges Geblubber. Wir ignorierten unsere unerwünschten Zuhörer und reduzierten unsere Stimmen zu kaum hörbarem Flüstern, wenn sie etwas nicht hören sollten. Mir wäre lieber gewesen, wenn sie gar nichts mitbekommen hätten, aber wie wäre das zu machen gewesen? Meine Eltern blickten unablässig zu ihnen hinüber, aber ich wußte, daß sie das um keinen Zoll verschieben würde. Meine Schwester erzählte mir allerlei Neuigkeiten. Ich versuchte, sie in meinem Gedächtnis zu speichern, um sie nachher an die anderen weiterzureichen, und versuchte, mich an die Dinge zu erinnern, die ich sie hatte fragen wollen. Meine Mutter flüsterte, ich sollte vorsichtig mit dem Päckchen in meiner Tasche sein. Sie sagte, darin wären etwas Tabak, so fein zerstoßen wie möglich, Zigarettenpapier und ein Briefchen von meiner Schwester Bernadette. Ich war völlig verwirrt, sammelte Neuigkeiten, fragte nach diesem und jenem. Diese und jene waren tot, alle Welt schien heiraten zu wollen, Soldaten hatten im Haus wieder das Unterste nach oben gekehrt, und der junge Sohn von Soundso war angeklagt. Eine Menge Streiks brauten sich zusammen, und England wurde von ihnen geplagt. Die Zeitungen schrieben über die Grippe-Epidemie, die Zwangsbäder und das Haareschneiden in den H-Blocks. Auf der Falls Road neben dem Dunville Park hatte ein Weihnachtsbaum mit den Namen aller Blanketmänner und -frauen gestanden.

Ich speicherte jede kleinste Information in meinem Kopf und dachte die ganze Zeit an das Pulverfaß in meiner linken Tasche. Ich gab ihnen einen kurzen Überblick über die Lage in den Blocks und bat sie, zum H-Blocks-Informationsbüro in der Falls Road zu gehen, um zu erzählen, was ich über Pee Wee O'Donnell, Liam Clarke und Seán Hughes und über die Ereignisse des Morgens berichtet hatte. Mein Bart verbarg die Spuren des morgendlichen Zellenwechsels, aber meine Mutter und meine Schwester musterten immer wieder meine Hände und mein Gesicht, suchten die verräterischen Anzeichen von Prügeln, und fragten, ob es mir wirklich gut ginge. Ich zündete mit der fast erloschenen eine neue Zigarette an und fühlte mich bereits viel wohler dabei. Die anderen Besucherzellen leerten sich schnell. Ich konnte hören, wie sich die Leute auf die Ausgangstür hinter mir zubewegten. Ich schaute mich nicht um. Ich hatte alles schon früher gesehen und konnte diese kummervollen, mitleidigen Gesichter nicht noch einmal ertragen. Meine Schwester erzählte mir von ihrem kleinen Sohn. Meine Mutter berichtete, was letzte Woche in den Republican News gestanden hatte, und mein Vater vervollständigte ihren Bericht.

Ich trug ihnen ein paar Botschaften auf, die mir einige der anderen für ihre Familien mitgegeben hatten. Ich ließ mir haarklein erzählen, wie die Parade verlaufen war. Mein Vater schaltete sich wieder ein und erzählte von dem wachsenden Interesse in Frankreich, anderen europäischen Ländern und in Amerika. Unsere Unterhaltung dauerte an und ich nahm eine weitere Zigarette. Noch zwölf Minuten, stellte ich mit einem Blick auf die Uhr meines Vaters fest.

»Viel Glück, Jungs, und Gott segne euch alle!« rief ein Besucher im Weggehen. Ich wurde mir des Geruches bewußt, der von meinem ungewaschenen Körper ausging, ignorierte ihn aber. Meine Familie erwähnte ihn nicht, das tat sie nie. Meine Schwester erzählte jetzt, wie es in der Gegend aussah, wer sich bei meiner Mutter nach mir erkundigt hatte, und wie es ihrem Mann ging. Meine Mutter wollte mir gerade von einem kürzlichen Aufruhr berichten, als der Wärter sie unterbrach.

»So, das wär's. Zeit ist um«, bellte er über meine Schulter, wobei er meiner Mutter ihre Besuchserlaubnis reichte und damit zum Ausdruck brachte, daß er ihren Weggang wünschte. »Es sind noch acht Minuten von meiner halben Stunde übrig«, sagte ich kalt.

»Zu dumm. Geh dich doch beim Direktor beschweren!« war seine gehässige Antwort.

Meine Mutter und meine Schwester blickten mich besorgt an.

»Macht doch nichts, mein Sohn. Es sind ja nur ein paar Minuten«, sagte meine Mutter ängstlich, in Sorge, ich würde die Erträge eines Streits ernten müssen, sobald ich den Besucherraum verlassen hätte.

Ich stand auf und wußte, daß der Besuch vorüber war, egal, was ich sagte. Ich war angeekelt und wütend, wollte meiner Familie aber keine Sorgen machen. Es gab ohnehin schon mehr als genug Grund zum Kummer. Meine Mutter und meine Schwester küßten mich zum Abschied, wobei Tränen, die plötzlich von nirgendwo aufgetaucht waren, über ihre Wangen rollten.

Ich war völlig fertig.

Die Wärter bedrängten mich von hinten.

»Los, nun mach schon. Ja, los, los!«

»Bis nächsten Monat«, sagte ich zu meiner Mutter und meiner Schwester, mein Vater stahl sich einen schnellen Händedruck, bevor mich die Wärter buchstäblich zum Ausgang für Gefangene schleppten. Ich konnte einen kurzen Blick auf die verbleibenden zusammengedrückten Grüppchen werfen, die an den anderen Tischchen miteinander flüsterten. In einigen Zellen saß ein Wärter direkt neben den Besuchern. Das waren die berüchtigten »Berufungsbesuche«. Ein Wort, das nichts mit dem Berufungsfall zu tun hatte, und die Wärter fielen über die Gruppe her und beendeten den Besuch. Ich warf einen letzten Blick auf meine Familie, als sie mir zum Abschied winkte, ehe der Wärter mir die Tür vor der Nase zuwarf.

»He du!« brüllte er. »Warte hier!«

Er war nicht mein ursprünglicher Begleiter, aber es schien, als wäre ich bei diesem Mistkerl hängengeblieben, der jetzt gerade das Ende meines Besuches melden ging. Ich blieb stehen, zitterte ein bißchen, fühlte mich verwirrt und ein bißchen elend, weil ich nicht daran gewöhnt war, meine kleine stinkende grabähnliche Betonzelle zu verlassen. Der Anblick von lächelnden Menschen, von freundlichen, mitleidigen Gesichtern, farbenfreudigem Aussehen und Kleidern, die Freude, meine Familie ganz einfach wiederzusehen, waren einfach zu viel für meinen geschundenen Körper und mein gequältes Gemüt.

Um mich herum schwirrte es vor Aktivität. Überall Wärter!

Jesus, Maria und Heiliger Sankt Joseph! Das Päckchen! Voller Panik führte ich meine Hand zur anderen Seite meines Mantels. Es war noch da. Ich konnte es fühlen. Ich blickte mich um, steckte meine Hand in die Tasche und holte das Päckchen heraus, als die Gelegenheit günstig schien. Ein Wärter kam vorbei und musterte mich von Kopf bis Fuß. Das Päckchen lag wie ein Bombe in meiner Hand. Es war in meiner Faust verborgen. Ich betete, daß mein Begleiter jetzt nicht zurückkäme.

Alles klar. Ich machte meinen Zug. Wie der Blitz war es von meiner Hand in meinen Mund gewandert. Es war ziemlich klein und in dehnbares selbstklebendes Plastik gewickelt. Ich starrte das Fenster vor mir an und betrachtete mein Spiegelbild. Mein Bart verbarg jede verräterische Ausbeulung. Ich würde die Angelegenheit jetzt einfach ausschwitzen müssen. Andere Wärter gingen an mir vorbei, starrten mich mit suchenden, bohrenden Augen an als wäre ich etwas Außergewöhnliches. Aber das bin ich ja auch, dachte ich, und starrte mein Spiegelbild im Fenster an: mein ungekämmtes Haar zerzaust und zottelig, mein langer Bart ungezähmt und wild wie ein Brombeerbusch, und von irgendwo dazwischen, geisterhaft weiß und, wenn ich so sagen darf, etwas erschreckend, tauchte mein eigenes Gesicht auf, zerfurcht und vor seiner Zeit gealtert. Meine Augen und Wangen waren eingesunken und bildeten eine Vertiefung, aus der meine glasigen, durchdringenden Augen zurückstarrten, und ungesehen, von der Gefängniskleidung verborgen, stand mein zerfallener, zerschundener Körper da.

»Los, weiter jetzt!« kam wieder das knurrende Gekläff, meine Gedanken und Selbstbetrachtung unterbrechend, und zerrte mich zur außerhalb gelegenen Untersuchungshütte. Ich kam an der ersten Hütte vorbei, in der die normalen Häftlinge durchsucht wurden, dann an der zweiten, in der die Untersuchungsgefangenen abgefertigt wurden. Die dritte Hütte, die ich nur zu gut kannte, stand von allem anderen entfernt und sah öde aus. Sie war die »Spezialhütte«, in die nur wir geführt wurden – die Blanketmen, die republikanischen Kriegsgefangenen. Mein Begleiter, hinter mir wie immer, kläffte einen neuen Befehl: »Los da, rein mit dir!«

Wegen des Päckchens in meinem Mund konnte ich meine Spucke kaum hinunterschlucken. Ich hörte den Eifer in seiner Stimme. Er konnte es kaum erwarten. Er warf mich geradezu zur Tür hinein. Das Innere der Durchsuchungshütte war ebenso öde wie ihr Äußeres. Mehrere Wärter wärmten ihre Hände an einem Ölofen. Draußen war es kalt. Der Boden war noch immer schneebedeckt. Panik stieg in mir auf, als sie mich – und wie zu erwarten gewesen war – auch mein Gesicht anstarrten. Ich wartete auf die tödlichen Worte: »Was hast du da im Mund?« Aber sie kamen nicht. Ich stand eine Ewigkeit lang dort, meine Augen musterten den Raum. Er war sehr viel wärmer als das stinkende eiskalte Grab, in das ich zurückkehren sollte. Ein paar Stühle waren über den Raum verteilt, eine mit blauem Desinfektionsmittel gefüllte Plastikschüssel stand auf dem Ölofen, daneben lag ein Stapel Papierhandtücher, und ein großer Spiegel war, völlig deplaziert, an einem hölzernen Griff angebracht. Die Wärter begannen, um mich herumzuwuseln, die Gummiknüppel an der Hüfte. Aus irgendeinem blöden Grund mußte ich an eine Zahnarztpraxis denken! Ich weiß nicht warum, denn alle Zahnärzte, denen ich je begegnet bin, waren rücksichtsvoller als diese Männer.

»Los, du Mistkerl«, sagte eine rohe Stimme, »zieh dich aus!«

Ich zog mich aus, und stand nackt vor ihnen. Sie standen um mich herum und starrten meinen nackten Körper an. Ich war verlegen und gedemütigt, konnte aber den vollen Sinn der Sache nicht erfassen. Die Erniedrigung war zweitrangig im Vergleich zu meiner ausgedörrten Kehle und zu den in meinem Kopf herumschwirrenden Gedanken an das, was bevorstand. Vor allem, wenn ich die Schmuggelware ausspucken müßte. Jesus! dachte ich, was müssen sie uns antun, um den vereinzelten Brief von einer Liebsten, den besorgten Zettel einer bedrückten Mutter, oder das lausige magere Päckchen Tabak zu erwischen! Es ist einfach nur Folter und Schikane.

»Dreh dich um«, knurrte ein anderer kleiner Tyrann. Ich machte eine ganze Drehung. Es überrieselte mich kalt, als sie meinen Körper musterten. (Ich wartete auf den tödlichen Befehl: »Mach den Mund auf!«)

»Dreh dich wieder um«, schnappte der Wärter, der mich begleitet hatte.

Jetzt kommt's, dachte ich, sie kosteten diese Demütigung wirklich aus! Hätte ich sprechen können, ich hätte ihnen gesagt, daß sie mich genug erniedrigt hatten, und daß ich ihren Befehlen nicht mehr folgen wollte. Sie hatten mich schon genug gezwungen, mich zu degradieren. Ich stand ruhig und schweigend da. Der Wärter bedrohte mich und schrie abermals seinen Befehl. Ich ignorierte ihn. Sie starrten mich wie aus allen Wolken gefallen an. Sie waren vorübergehend mit Stummheit geschlagen, so verblüfft, daß sie mich nur voller Unglauben anglotzten, weil ich ihnen nicht gehorcht hatte. Ihre Gesichter waren rot angelaufen und perplex, Zorn wallte in ihnen auf. Jetzt kommt's, dachte ich, jetzt kommt es, verflucht!

»Stell dich an die Wand und breite die Arme aus«, murmelte schließlich einer von ihnen und brach das scheinbar unendlich lange Schweigen. Ich blieb uneingeschüchtert, aber nicht unberührt. Ich zitterte, und das nicht vor Kälte! Ich war zu Tode erschrocken, vor Furcht am Rande der Panik. Ich dachte, ich müßte das Päckchen auf den Boden auskotzen.

Sie packten meine Arme und warfen mich gegen die hölzerne Wand. Der Aufschlag machte einen dumpfen Knall. Sie breiteten meine Arme aus. Jemand boxte mich in die Rippen und meine Füße wurden auseinandergetreten, um meine Beine zu spreizen. Ein schrecklicher Schmerz durchfuhr meine ausgestreckten Arme und mein ohnehin schon schmerzender, verwundeter Körper tat nur noch mehr weh. Sie hackten weiter mit ihren schweren Uniformstiefeln nach meinen Knöcheln, wobei sie unaufhaltsam schrien, fluchten und drohten.

Ich spürte, wie die kalten, abgeschrägten Kanten des Spiegels zwischen meine Beine geschoben wurden. Sie untersuchten mit dem Spiegel, der ihnen einen Blick aus jedem Winkel gewährte, meinen Anus. Eine fremde Hand stocherte herum, und, unbefriedigt, traten sie mir in die Kniekehlen, und zwangen mich in eine hockende Stellung. Dann griffen sie wieder zum Spiegel, und ließen zum Abschluß noch mehr Schläge und Tritte auf meinen nackten brennenden Körper regnen. Ich fiel auf den Boden, der vom geschmolzenen Schnee, den sie an ihren Stiefeln in die Hütte getragen hatten, naß und dreckig war. Ich stand sofort wieder auf, der meinen Körper durchzuckenden Schmerzen nur halb bewußt. Ich machte einen verzweifelten Versuch, meine Spucke zu verschlucken, und erstickte nicht nur fast an dem Päckchen, sondern hätte es um ein Haar ausgespuckt. Mein Gesicht verzerrte sich und lief rot an, als ich darum kämpfte, ein Husten zu unterdrücken. Ich packte die Gefängniskleider und zog mich so schnell wie möglich an, beeilte mich, fertig zu sein, ehe sie in der Schüssel mit dem Desinfektionsmittel ihre sadistischen Hände gewaschen hatten.

»Vielleicht findest du nun die Sprache wieder!« fauchte einer von ihnen, indem er seine Hände mit einem Papierhandtuch abtrocknete. Jesus! dachte ich, die bloße Erwähnung versetzte mich schon in Panik! Ich beeilte mich mit dem Anziehen. Eine Hand kam von hinten und hob meine Haare, um zu sehen, ob ich hinter den Ohren etwas versteckt hätte. In meiner Panik hätte ich fast versucht, das Päckchen aus dem Mund zu holen und in eine Tasche zu stecken, die sie nicht noch einmal untersuchen würden. Aber er zog seine Hand noch einmal rechtzeitig zurück, um sie in die Desinfizierschüssel zu halten.

Die Kleider hingen an mir herab, ich spürte, wie wund mein Körper war, und kämpfte mich zur Tür. Mein knurrender Begleiter blieb zurück. Ich trat zur Tür hinaus und wartete auf ein: »Wo willst du hin? Wir sind noch nicht fertig!« Aber wieder geschah nichts.

Mein Hals brannte. Die frische Luft traf mich, erfrischte und wiederbelebte mich etwas. Ein paar von den Jungs aus den anderen Blocks standen hier, mit geisterhaft bleichen Gesichtern, so weiß wie der Schnee unter ihren Füßen, und wartete darauf, daß die Reihe an sie käme. Zweifellos hatten sie das Gebrüll und die Schläge gehört und wußten nur zu gut, was sie jetzt erwartete.

»Okay, Bobby?« fragte einer.

Ich konnte nicht antworten. Ich nickte voller Mitleid, dachte daran, wo sie jetzt hingingen und tröstete mich mit der erlösenden Tatsache, daß ich diese Quälerei wenigstens schon hinter mir hatte.

Ich trottete zum H-Block hinüber. Es war kein Wagen in der Nähe, und ich freute mich nur zu sehr über den kurzen Spaziergang, verschlang den Luxus einiger Minuten frischer, sauberer Luft. Das erste und schlimmste Hindernis liegt hinter mir, dachte ich.

Der Weg vor mir war breit und weiß vor Schnee. Er hing an den tristen grauen Brettern und klammerte sich an das meilenweite Gewirr von entsetzlichem Stacheldraht. Überall gab es Stacheldraht und Zäune. Es war ein regelrechter Dschungel, der stellenweise von hohen düsteren Schießständen unterbrochen war, auf denen bewaffnete britische Soldaten das Lager von einem Ende bis zum anderen überwachten. Es erinnerte mich an einen Filmausschnitt über ein Konzentrationslager im Winter, den ich einmal als Kind gesehen hatte, und ich weiß noch, daß ich, obwohl ich noch so jung war, geschockt gewesen war, aber mich in meinem Sessel am Feuer sicher gefühlt und gedacht hatte, ein solcher Ort wäre ein Schrecken der Vergangenheit und würde nie mehr wieder erlaubt oder geduldet werden, schon gar nicht in Irland oder in bezug auf mich.

Ich dachte an Familien, die an den Tischen im Besucherraum miteinander flüsterten, an die bekümmerten Gesichter von Müttern, an sprachlose Väter und an weinende, wimmernde Kinder, die zusahen, wie ihr Papa von Monstern in schwarzen Uniformen weggeschleift wurde, von denselben herzlosen Monstern, die über deiner Schulter hingen und jedes Wort und jede Silbe belauschten, die deine Familie stundenlang für einen halbstündigen Besuch schlangestehen ließen und sie wie Vieh durch ein Tor nach dem anderen trieben, von einer demütigenden Durchsuchung zur nächsten, und sie wie Verbrecher behandelten.

Sie verachteten unsere Familien so sehr wie sie uns verachteten und haßten. Sie beleidigten sie, schikanierten sie und brachen ihnen das Herz, indem sie ihre Söhne und Töchter folterten. Ich war naiv, als ich jung war. Hier war ich nun auf dem Rückweg in ein verdrecktes Betongrab, wo ich um mein Überleben kämpfe, um mein Recht, als politischer Kriegsgefangener anerkannt zu werden, um ein Recht, für das ich immer kämpfen würde.

Der H-Block türmte sich zu meiner Rechten vor mir auf. Ich wartete auf das Öffnen des Tores – des Tores zur Hölle. Ein düsteres Schweigen herrschte: nicht einmal das Seufzen des Windes, kein Vogel sang, aber auch in Bergen-Belsen gab es nichts, das man hätte besingen können, dachte ich, als ich das Höllentor passierte.

Ich ging über den Hof zur Vordertür des H-Blocks. Zu meiner Linken im anderen Flügel standen die Jungs an ihren Fenstern. In einigen Zellen war Licht, die anderen lagen im Dunkeln. Die erleuchteten Zellen sahen aus wie kleine Höhlen, die Höhlenmenschen waren in schäbige Decken gewickelt. Sie sahen beängstigend aus, mit ihren langen Bärten und bleichen Gesichtern, wie sie mich durch die Betonstäbe hindurch anblickten.

Ich konnte die leichten Bewegungen der schattenhaften Figuren in den dunklen Zellen sehen.

»Alles klar, Bobby?« rief einer. Ich konnte nicht antworten. Also winkte ich zurück und kam mir ein bißchen blöd vor.

»Jetzt dauert's nicht mehr lang«, rief ein anderer, und die Jungs begannen zum Fenster heraus Witze zu reißen. Ich blickte nach rechts zum anderen Bein des H's, das mein Flügel war. Dort gab es keine Fenster, nicht einmal ein Schatten von Licht war zu sehen. Die gesamte Außenfront des Flügels war mit Wellblech und Holz verkleidet, wodurch Licht und Sicht völlig blockiert wurden. Gott sei Dank haben sie's noch nicht bis zu meiner Seite geschafft, dachte ich. Aber bald würde es soweit sein!

Ich betrat den Block und stand wartend an den eisernen Gittertoren. Mein ungebetener kläffender Begleiter verschwand. Ich wurde von einem Gitter zum nächsten gebracht, bis A erschien und mich wieder in meinen Flügel ließ. Das hohe, wimmernde Surren der Maschine, die die noch verbliebenen Urinlachen vom Boden aufsaugte, echote im ganzen Flügel. Der Teekarren stand vor der Durchsuchungszelle. Ich ging daran vorbei und bemerkte die schleimige Haut, die sich auf dem eiskalten Tee gebildet hatte. Die Brotscheiben waren hoch aufgetürmt, kräuselig und hart. Das Essen lag auf den Tellern. Ein Stück Fleisch, das einen Beefburger darstellen sollte, war fast, aber nicht ganz, von etwa zwanzig Bohnen umzingelt.

Ich betrat die Durchsuchungszelle, und alle Gedanken ans Essen lösten sich in Nichts auf, als ich C und D erblickte. Da ich auf dem Rückweg vor meinem Begleiter hergegangen war, hatte ich das Päckchen in meinem Mund hin und herbewegen und meine Spucke verschlucken können, aber jetzt war mein Hals wieder wie ausgedörrt. Ich begann, mich auszuziehen; in zwei Minuten würde ich in Sicherheit sein! Nur noch zwei Minuten! Ich zog die Hose aus und wickelte mir das Handtuch wieder um den Leib. Doch kaum hatte ich das getan, da sagte D: »Laß das Handtuch fallen und dreh dich um!« Ich wartete auf den Befehl, mich nach vorne zu bücken. Ich ließ mein Handtuch fallen und drehte mich um, aber zu meiner Überraschung kam nichts. Ich packte mein Handtuch, wickelte mich wieder hinein und machte mich auf den Weg zur Zelle. Das war's. Entweder habe ich es geschafft oder nicht! Ich ging weiter und wartete noch immer auf die Worte, die meine Entlarvung verkünden würden, aber sie kamen nicht. Ich konnte kaum an mein Glück glauben. A kicherte und sagte: »Nimm doch gleich deinen Tee mit, sonst wird er noch kalt!«

C und D fanden das sehr amüsant. Die herumlungernden Wärter verfielen in hysterisches Gelächter. Ich ignorierte sie und nahm Teller und Tasse, wobei mir deren mageren Inhalte auffielen.

Ich ging weiter durch den Flügel, der an dieser Seite inzwischen trocken war. Der Wärter mit der Maschine arbeitete jetzt am gegenüberliegenden Ende und war fast fertig. Das Dröhnen war nervtötend. Ich war einfach glücklich. Ich konnte die Rückkehr in meine Zelle nicht erwarten. Sie war mir zwar verhaßt, aber ich freute mich darauf, die weitgereiste Schmuggelware ausspucken zu können. A öffnete die Tür und ich trat in die Finsternis meines verdreckten kalten Grabes. Die Tür wurde hinter mir zugeschlagen und ich stand im Dunkeln.

Sieg!

Ich wünschte, ich könnte ihnen erzählen, daß ich sie ausgetrickst, daß ich sie gelinkt hatte, vor allem diesen Mistkerl C. Ich konnte kaum glauben, daß ich es geschafft hatte.

Yahoo!

Ich setzte meinen kalten Tee auf den Boden und nahm das Päckchen aus dem Mund. Es war eine Erlösung. Das Päckchen war naß, und ich trocknete es mit dem Handtuchzipfel ab. In der Dunkelheit konnte ich es nicht untersuchen. Das würde ich später tun. Ich wickelte mich in die drei Decken und schob mein Päckchen in eine Falte des Handtuchs an meinen Hüften. Die Türen wurden geöffnet und zugeschlagen, als der kalte Tee in die Zellen gereicht wurde. Das Dröhnen der Reinigungsmaschine hielt unverzagt an, und sie würden es wohl in den nächsten Stunden laufen lassen, um uns zum Wahnsinn zu treiben. Ich fragte mich, ob wohl während meiner Abwesenheit etwas passiert wäre. Ich kippte den kalten Tee aus dem Fenster und warf einen schnellen Blick in die Ecken, wo die Abfälle lagen, für den Fall, daß sich eine abenteuerlustige Ratte zu einer Besichtigung entschlossen hätte. Es wäre nicht das erste Mal gewesen; einmal war es sogar nachts passiert. Ich setzte mich auf die Matratze und begann, meine kalte Mahlzeit zu verzehren, indem ich über den Höhepunkt des Monats, meinen Besuch, nachdachte. Ich beendete mein kaltes mageres Mahl und stellte das Plastikgeschirr neben die Tür. Zurück zum Überlebenskampf, dachte ich, weil ich die Kälte spürte. Ich erhob mich, um meinen endlosen Gang in der Dunkelheit nach Nirgendwo da wieder aufzunehmen, wo ich ihn abgebrochen hatte. Ich überprüfte, ob mein Päckchen sicher war, und suhlte mich in der Selbstachtung des Erfolges. Ich konnte mir nicht erklären, warum C und D mich nicht zum Bücken gezwungen hatten, als ich zurückkam, um eine weitere erniedrigende Leibesvisitation durchzuführen. Sie schienen irgendwie darauf versessen gewesen zu sein, mich wieder in meine Zelle zu bekommen.

Der Boden war sehr kalt, und ich blieb stehen, um meine Decke auszubreiten, damit ich meine endlose Wanderung fortsetzen könnte. Draußen lag noch immer Schnee, und es schneite auch wieder, kleine Flocken schwebten durch das Fenster herein. Die mutwillig angelassene Reinigungsmaschine dröhnte im Hintergrund.

Ich versuchte, dieses nervtötende Geräusch durch Denken zu überwinden. Ich hätte Seán gern von meinem Sieg erzählt, aber bei diesem andauernden Lärm hätte er mich nicht hören können. Ich dachte an die vielen scéal-Stückchen, die ich bei meinem Besuch gehört hatte, und die ich den Jungs später mitteilen konnte. Jetzt war auch bald Abendbrotzeit, denn der Tee war sehr spät serviert worden, aber auch das Abendbrot würde wohl kein Anlaß zur Freude sein – vermutlich ein Becher lauwarmer Tee und eine Runde Margarinebrote. Doch es bedeutete, daß bald Schließzeit sein würde, die Wärter nach Hause gingen und bis zum nächsten Morgen keine Zellentür mehr geöffnet würde.

Ich starrte aus dem Fenster und dachte, daß ich immerhin die Ratten beim Hin- und Herlaufen im Hof beobachten könnte, später, wenn es wirklich ruhiger würde. Ich würde mich nicht zu früh in mein Bett auf dem Boden legen können. Die Kälte würde mich nicht schlafen lassen. Ich war müde; ich war sogar erschöpft, aber der Tag war ja noch nicht zu Ende. Ich fragte mich, wie es wohl den Jungs im Strafblock ging. Vielleicht war jemand aus einem anderen Block oder Flügel heute aus dem Strafblock zurückgekommen und konnte erzählen, wenn noch mehr passiert war. Das Hin- und Herrufen zwischen Flügeln und Blocks würde anfangen, wenn sich später alles beruhigte und die Wärter nach Hause gegangen waren.

Ich hörte, wie die Tür der Zelle gegenüber zugeschlagen wurde. Es war kaum zu hören gewesen. Wahrscheinlich holten sie jetzt das Geschirr zurück. Es hatte keinen Zweck, bei dem Gedröhn durch die Tür zu rufen, niemand hätte es gehört.

Meine Zellentür wurde geöffnet und das Licht angemacht. Der Wärter nahm das Geschirr, und die Tür wurde wieder zugeschlagen. Ich konnte die Wärter nicht sehen, da mich die Zellerleuchtung vorübergehend blendete. Der plötzliche Wechsel von Dunkelheit zu Licht tat meinen Augen weh. Meine stinkende Umgebung schrie mir erneut ins Gesicht. Die weißen Vierecke des verschmähten altbackenen Brotes verliehen den Abfallhaufen in den Ecken einen neuen Aspekt. Etwas an den Seiten der Schnitten fiel mir auf und ich hob eine hoch. Sie war blau vor Schimmel. Gott sei Dank habe ich kein Brot gegessen, dachte ich und untersuchte die restlichen Schnitten, mit demselben Resultat. Ich wußte sofort, was geschehen war, warum C und D mich nicht zum Bücken gezwungen hatten, und warum sie so darauf erpicht gewesen waren, daß ich in die Zelle zurückging und im Dunkeln meinen Tee verzehrte. Ich war zu sehr mit meinem Mund voll Schmuggelware beschäftigt gewesen, um auf dem Weg zurück in meine Zelle das Brot auf meinem Teller zu mustern.

Die Reinigungsmaschine dröhnte und wimmerte im Hintergrund. Das Licht in der Zelle war sehr grell, und meine Augen schmerzten bereits. Ich spürte die gefürchteten frühen Warnzeichen einer Migräne, die sich in meinem Hinterkopf aufbaute. Ich lief weiter hin und her, atmete am Fenster tief durch, um die stickige, beklemmende Übelkeit zu bekämpfen, die mich nun anfing zu plagen. Die Maschine wurde immer nerviger. Draußen fiel die Temperatur, und die Eisschicht auf dem Draht wurde dicker. Ich holte mein Päckchen hervor und warf einen Blick darauf. Es war unversehrt. Durch die selbstklebende Folie konnte ich den Inhalt sehen, das Briefchen, das Zigarettenpapier und den braunen Tabak. Ich konnte es jetzt nicht aufmachen, also steckte ich es wieder in die Falte in der Decke. Als Besitzer eines Briefchens von meiner Schwester, von Zigarettenpapier und von ein paar Gramm Tabak kam ich mir vor wie ein König.

Und wenn sie jetzt die Tür öffneten und mich in die Freiheit hinauswürfen? Ich würde damit nicht fertig werden können. Lieber Gott! Ich konnte kaum einen Besuch verkraften. Ich konnte mir einfach nicht vorstellen, von dieser Folter erlöst zu sein. Ich konnte jetzt kleine, scheinbar unwichtige Dinge schätzen, die ich früher für selbstverständlich gehalten oder gar nicht bemerkt hätte. Wann hatte ich zuletzt ein richtiges warmes Essen bekommen? Komisch, an was man sich alles gewöhnen kann – vor allem, wenn man am Verhungern ist, dachte ich, und erinnerte mich an den Sommer, als die Wärter Maden in unser Essen streuten und uns nichts anderes übrig blieb, als sie herauszusuchen und sie zu vernichten, und dann zu essen, als ob nichts geschehen wäre. Entweder das oder Verhungern!

Das Dröhnen der Reinigungsmaschine verstummte plötzlich, und wieder senkte sich eine schreckliche unnatürliche Stille über uns. Ich hörte die Schritte des Wärters, der die Maschine abgestellt hatte, und der nun durch den Flügel zurückging. Ich legte mein Auge ans Guckloch. Es war A. Er ging auf das kleine Büro zu. Ich konnte das Fernsehen hören, war aber nicht imstande, einzelne Wörter zu verstehen. Die Wärter brüllten untereinander. Ich hörte, wie C schrie: »Na los«, und ihr Geschrei verstummte augenblicklich, um vom Rattern des Teekarrens abgelöst zu werden.

»Tee unterwegs!« riefen einige auf Irisch. Die Zellentüren wurden wieder geöffnet und geschlossen. Sie kamen auf der anderen Seite des Ganges an meiner Zelle vorbei. Jemand ein paar Zellen weiter sang sich eins, und es kam ein bißchen Leben in den Flügel. Der Teekarren kam an meiner Tür an. Die üblichen verhaßten Gesichter waren da, als sich die Zellentür öffnete. Der Wärter überreichte mir einen Becher Tee und eine zweigeteilte Scheibe Brot. Ich bemerkte, wie D kicherte, als er sah, wie ich das Brot auf Schimmel hin untersuchte. Es war jedoch eßbar.

Die Tür wurde zugeschlagen und ich zog mich auf die Matratze zurück, wobei ich eine unnatürliche Wärme entdeckte und sah, wie Dampf aus dem Plastikbecher aufstieg. Der Tee war heiß! Ich konnte es kaum glauben. Ich setzte mich und kostete zaghaft. Der Tee war so schwach wie Wasser. Er war ganz einfach gefärbtes heißes Wasser, aber ich beschloß, ihn zu bezwingen. Alles Heiße in einer solchen Nacht ist eine Gottesgabe, dachte ich, sogar heißes Wasser. Ich aß das Brot und trank den schwachen heißen Tee. Bald ist Abschluß, dachte ich, und ergötzte mich dem Gedanken an das Päckchen und den Tabak.

Meine Mutter, mein Vater und meine Schwester waren jetzt wieder zu Hause und fühlten sich sicher nicht besonders wohl. Sie hatten einen schrecklich harten Tag gehabt, und nachdem sie mich gesehen hatten, machten sie sich sicherlich nur Sorgen. Ich dachte an die Familien, die zwei oder drei Söhne im Knast hatten, streikende Kinder in den H-Blocks oder Töchter in Armagh. Für diese Familien mußte es wirklich schlimm sein. Überall Kummer und Qual. Mehr kann nicht aus diesen stinkenden Höllenlöchern kommen – Kummer und Qual.

Ich konnte nicht mehr von dem schwachen Tee trinken. Er kühlte jetzt ab und mir wurde etwas übel davon. Ich stand auf,

---

[17] Go ha-an mhaith: »Sehr gut«

kippte ihn aus dem Fenster in den Schnee und beobachtete, wie Dampf aufstieg, als der Tee sich im Schnee einfraß. Dann stellte ich die Tasse neben der Tür ab und nahm meine Wanderung wieder auf, während die Türen geöffnet und geschlossen wurden.

»Tassen wieder weg!« kam der Ruf.

Meine Füße wurden immer kälter. Ich trampelte auf der Decke auf dem Boden herum. Heute Nacht würde es sehr kalt werden. Der Sänger ein paar Zellen weiter stimmte ein neues Lied an. Es gab nichts zu besingen, aber irgendwie mußte man die schreckliche Eintönigkeit überwinden. Ich langweilte mich auch, doch eigentlich war es mehr Ungeduld, denn mein Päckchen brannte mir gewissermaßen ein Loch in die Tasche.

Meine Tür wurde geöffnet und die Tasse entfernt. Ich drehte mich nicht einmal um. Die Tür wurde zugeschlagen, und die Prozession der Wärter begab sich zum Ende des Flügels. Ich setzte mich wieder auf die Matratze, um auszuruhen. Acht von den Jungs auf der anderen Seite rauchten, aber drei von ihnen waren im Strafblock. Blieben vierzehn Raucher, mich eingeschlossen. Ich würde heute Nacht für jeden eine Zigarette haben, und vielleicht sogar noch etwas mehr. Das bedeutete, daß unter der besten Tür hindurch eine Schnur auf die andere Seite des Ganges bugsiert werden mußte, um die Zigaretten hinüber zu schaffen. Die Jungs gegenüber konnten nichts durch die Fenster weiterleiten, weil diese verbarrikadiert waren. Aber sie hatten kleine Löcher in die Wände gemacht, bei den Rohren, und konnten dadurch die Zigaretten und ein Feuerzeug weitergeben. Das Feuerzeug wurde aus einer Glasscherbe, einem kleinen Feuerstein und einem bißchen flauschiger Wolle fabriziert. Ein Docht wurde hergestellt und angezündet, und das glühende Etwas wurde vorsichtig von Zelle zu Zelle weitergereicht, bis jeder seine Zigarette angezündet hatte. Die Schnur hinüberzuschaffen würde schwierig und gefährlich sein. Das war es immer. Die Wärter wußten, daß wir es machten und lagen immer auf der Lauer, schlichen nachts auf Zehenspitzen im Flügel umher. B hatte in dieser Nacht Wache, und das bedeutete, daß wir besonders vorsichtig sein mußten. Ich sah nach, ob die Schnur, die ich am Nachmittag geflochten hatte, noch da war. Das war sie.

Seán klopfte an die Wand.

»Runter zum Rohr«, sagte ich, und bückte mich zu der Ecke neben dem Kopfende meiner Matratze, zu der Stelle in der Wand, durch die die Rohre liefen. Viel Wärme strömte ja nicht aus diesen Rohren. Und was kam, zog durch das offene Fenster in die finstere kalte Nacht hinaus.

»Na, Bobby«, kam Seáns forschende Stimme durch das Löchlein in der Wand.

»Go h-an mhaith,[17] Seán«, sagte ich entzückt. »Ich hab das andere mitgebracht.«

Er wußte, was ich meinte.

»Maith thú«, sagte er, und ich begann, ihm von dem Besuch, den Durchsuchungen und allen anderen Ereignissen zu erzählen. Ich spürte die Erregung, die sich in Seáns Stimme anstaute, als ich von der Massenbeteiligung am Marsch und der Riesenoffensive im Krieg berichtete. Im Großen und Ganzen stand es besser als je zuvor. Die Versuche der britischen Regierung, die republikanische Bewegung zu Kriminellen zu stempeln, waren jämmerlich gescheitert, und jetzt war allen völlig klar, welche Motive hinter den Folterungen im H-Block steckten. Ich setzte meine Unterhaltung mit Seán noch eine Weile fort, bis ich die unnatürliche Stellung an Rohren und Wand nicht mehr aushalten konnte. Also beschloß ich, meine Wanderung wieder aufzunehmen. Meine Füße waren taub vor Kälte. Seán verstand das. Er war so ungefähr in derselben Lage. Ich sagte, ich würde mich später wieder melden, und wir beide verließen unsere Ecke, um unser endloses Gehen da wieder aufzunehmen, wo wir es unterbrochen hatten.

Die Wärter begannen, Gitter und Türen abzuschließen. Wer über Nacht hierbleiben mußte, verließ den Flügel, um in die Schlafräume zu gehen, die direkt nebenan lagen und mit solchen Luxusgegenständen wie Fernsehen, Radio, Plattenspieler und vielem anderen ausgestattet waren: Der Lohn für ihre schmutzige Arbeit, die sie ausgezeichnet taten. Einige quälten uns ja auch nicht, aber sie waren nur wenige und schwer zu finden.

A, C und D hingen am Ende des Flügels herum, redeten, witzelten und warteten auf den endgültigen Abschluß. Es konnte nicht mehr lange dauern, dachte ich, vielleicht noch eine Viertelstunde. Zweimal mußte noch durchgezählt werden. Einmal von den uns verlassenden Wärtern, A und Konsorten, das andere Mal von der Nachtwache, die bald eintreffen würde. Die Nachtwache würde nur aus vier Wärtern bestehen. Manchmal sahen sie fern, spielten Karten oder tranken sich dumm und dusselig und quälten uns nicht. Aber meistens gab es Ärger, vor allem, wenn jemand wie B dabei war. Und B hatte heute Nacht Dienst!

Das Hin- und Herlaufen langweilte mich, und ich beschloß, mich hinzusetzen und es zu wagen, mein Päckchen zu öffnen. Die Gefahr einer Zellenuntersuchung war jetzt gering, aber sie bestand immer, und ich mußte also vorsichtig sein. Nach allem, was ich heute durchgemacht hatte, wäre es jetzt schrecklich, erwischt zu werden, aber ich war ungeduldig wegen meines Briefchens, nahm also mein geliebtes Päckchen aus seinem Versteck und puhlte die Selbstklebefolie ab, bis ich den Brief herausgefischt hatte. Bevor ich den Brief meiner Schwester las, wickelte ich die Plastikfolie wieder um den restlichen Inhalt, für alle Fälle. Zwei oder drei Minuten saß ich still da und trank jedes Wort ihrer ordentlichen Handschrift. Als ich fertig war, las ich den Brief noch einmal. Es war gut, wieder von ihr zu hören. Es schien eine Ewigkeit herzusein, daß ich sie gesehen hatte, aber es schien ihr gutzugehen, wenn sie sich auch schreckliche Sorgen um mich machte und sich nach den anderen Jungs erkundigte, die sie kannte. Ich würde ihr ein Briefchen schreiben müssen, sobald ich konnte. Wir hatten einen einzigen erbärmlichen Bleistift und eine Kugelschreibermine, die dauernd im ganzen Flügel in Gebrauch waren, von Zelle zu Zelle, hin und her weitergereicht wurden, und die Rollen von Toilettenpapier verschlangen, um zu den kurzen geschmuggelten Botschaften an bekümmerte Ehefrauen, Mütter und Freundinnen zu werden; zu den Briefen an Zeitungen und den hingekritzelten Berichten für das H-Block-Informationsbüro, die von den Schlägen und Schrecken erzählten, die sich jeden Tag immer wieder zutrugen. Ich würde warten müssen, bis Bleistift oder Mine wieder zu mir kamen.

Ich riß das Briefchen meiner Schwester in Fetzen und warf sie aus dem Fenster, sah, wie sie über den verschneiten Hof geweht wurden und im fallenden Schnee verschwanden. A und Konsorten waren noch immer bei den Gittern am Ende des Flügels. Ich konnte das Klirren der Schlüssel und gelegentlich ein Murmeln hören. Ich beschloß, noch ein Risiko einzugehen und das Päckchen abermals zu öffnen, um die Zigaretten zu drehen, damit sie fertig wären, wenn später die Schnur auf die andere Seite bugsiert würde. Ich wickelte das Päckchen wieder aus und nahm das Tabakklümpchen heraus. Es war sehr frisch und fest zusammengepreßt. Ich begann, es zu zerpflücken und aufzulösen, damit ich die Zigaretten drehen könnte. Das Klümpchen wurde zu einem fädigen Häuflein. Das Aroma des Tabaks bildete eine angenehme Abwechslung zu dem üblen Gestank, der normalerweise in der Luft meiner Zelle hing. Ich löste die zusammenklebenden Zigarettenpapiere voneinander, bis ich ausreichend viele hatte. Dann drehte ich die ersten Zigaretten, horchte auf das kleinste Geräusch von Schritten oder Schlüsseln, und ich beruhigte mich damit, daß es nicht mehr lange dauern würde, und ich läge auf meiner Matratze und rauchte die Zigarette, die ich gerade herstellte.

Fünf fertig! Ich fing mit der sechsten an, und dachte daran, wieviel einem so eine blöde Zigarette bedeutet, und wie sie die

Moral heben kann, sogar bei Nichtrauchern. Irgendwie schien jeder voller Befriedigung anzuerkennen, daß irgendwer Mistkerle wie A und C ausgetrickst hatte, und das bedeutete viel. Ich nahm ein neues Zigarettenpapier, um mit der siebten Zigarette anzufangen...

»Bären unterwegs!«

Ich hörte Schlüsselgeklirr und zerrte die Decke über die Schmuggelware, als mein Türschloß rappelte und die Tür aufgerissen wurde. In meiner Panik versuchte ich, normal zu wirken, der Schock überflutete meinen ganzen Körper. A schaute in die Zelle.

»Eins«, sagte er, als C die Tür wieder zuschlug.

»Abzählen unterwegs!« schrie ich mit panikerfüllter Stimme.

»Zwei«, hörte ich A sagen, als Seáns Tür zugeschlagen wurde.

Eine Kältewelle überkam mich. Um ein Haar wäre ich entdeckt worden, dachte ich, und sah die Decke an, die den Tabak und die Zigaretten bedeckte. Eine war sogar zur Hälfte sichtbar, aber sie hatten sie nicht bemerkt. Ich saß wie gebannt auf meiner Matratze, und das Abzählen ging weiter.

»20, 22, 24, 26...« zählte A.

»Bären wieder weg«, rief einer, und signalisierte, daß die Luft rein war, nachdem die letzte Nummer gebucht worden war und C und D den Flügel verließen, wobei sie die Bürotür zuknallten. Ich gewann meine Fassung zurück und nahm das Drehen wieder auf. Vor dem nächsten und letzten Abzählen wollte ich alles fertig haben, dachte ich. Außerdem würden wir B schon von Weitem hören können, denn er würde sicher betrunken sein. Ich machte weiter, bis ich alle Zigaretten fertig hatte, worauf ich sie in zwei Pakete aufteilte. Eins enthielt die Zigaretten für die Jungs auf der einen, das andere Zigaretten für die auf der anderen Seite.

Ich nahm die lange, dünne Schnur, die ich nachmittags geflochten hatte, band die beiden Päckchen daran fest und hängte ein Stück altbackenes schimmeliges Brot als Lot an ihr Ende, dann klopfte ich an die Wand zu Seáns Zelle.

»Hallo« rief er.

»Streck deine Hand aus«. sagte ich, und versuchte, ihm die Schnur zuzuwerfen. Als er sie gefaßt hatte, erklärte ich ihm den Inhalt der Päckchen und bat ihn, Schnur und Päckchen zu dem Mann weiterzuleiten, der sie auf die andere Seite schaffen müßte, damit er alles dafür vorbereiten könnte. Seán klopfte an die Zellenwand auf der anderen Seite und machte sich ans Werk. Ich steckte meine Zigarette sowie eine Extrazigarette für mich und Seán unter das Kissen.

Das Klirren von Gittern und Schlüsseln erklang, dann Schritte, gefolgt von einem Mundvoll Obszönitäten, mit denen B seine Ankunft verkündete. Die Schritte trampelten durch den Flügel und auf der anderen Seite begann mit Türenschlagen das letzte Abzählen. Sie arbeiteten sich bis zu mir vor und dann wurde meine Tür geöffnet. B schaute herein. Er konnte kaum noch stehen, geschweige denn zählen. Er stolperte von dannen und die Tür wurde geschlossen.

»Bären wieder weg.« Die Entwarnung kam. Niemand hatte sich die Mühe gemacht, ihre Ankunft bekanntzugeben. Die war ohnehin nicht zu überhören. Schweigen senkte sich über den Flügel, und am anderen Ende rief jemand: »So, Jungs, jetzt beten wir den Rosenkranz. Wer will das erste Gesetz sagen?«

»Ich«, rief jemand.

»Und das zweite?«

»Ich«, sagte Seán, und drei andere meldeten sich freiwillig für die übrigen drei Gesetze.

»Wir beten heute den schmerzhaften Rosenkranz«, sagte dieselbe Stimme. Der Mann bekreuzigte sich und sprach die Anfangsgebete selber. So beteten wir durch die Türen den Rosenkranz. Mitten im dritten Gesetz beschloß ein Wärter, mit seinem Gummiknüppel gegen die Gitterstäbe zu schlagen. Wir beteten weiter, und wie üblich langweilte sich der Wärter bald und ging. Als der Rosenkranz beendet war, schwirrte der Flügel von Aktivitäten und summte vor Unterhaltungen.

Es wurde beschlossen, die Schnur auf die andere Seite zu schaffen, ehe B oder sonst jemand angeschlichen käme.

»Hey, Bobby, hältst du Wache?« rief einer.

»Okay, fangt an«, erwiderte ich, und ging zu meinem kleinen Türspion.

Es würde gar nicht leicht sein.

»Hey, Seán, kannst du etwas sehen?« fragte dieselbe Stimme.

»Kein bißchen«, antwortete Seán.

»Aber ich«, sagte einer am Ende des Ganges.

»Kannst du Gerards Tür sehen?«

»Kein Problem«, war die Antwort.

»Maith thú«, sagte der Mann, der die Schnur hinüberschaffen sollte. »Du kannst uns dirigieren.«

»Bist du da, Bobby?« fragte jemand sicherheitshalber. Es wäre eine Katastrophe, wenn die Schnur erwischt würde.

»Ich bin hier«, sagte ich und wagte nicht, mein Auge vom Guckloch zu entfernen. Die Schnur wurde an einem Knopf befestigt und unter der Tür hindurch über den Flur geschnippt. Der Mann gegenüber suchte vor seiner Tür mit Hilfe eines Papierstreifens danach. Wenn er sie gefunden hatte, schob er das Papier darunter und zog sie so unter seiner Tür hindurch in seine Zelle. Und der Austausch von Briefen, Zigaretten oder was auch immer konnte beginnen. Die Zigaretten wurden an die Schnur gebunden und hinübergezogen.

»Fertig, Gerard?« wurde gefragt.

»Fang an, Pat«, kam die Antwort. Ich hörte ein scharfes Knacken und dann das schabende Geräusch des hinübergeflitschten Knopfes.

»Kannst du es sehen, Brian?« fragte der Flitscher den Mann, der dirigieren sollte.

»Zu weit links«, sagte er. »Mach's noch mal.«

Die Schnur wurde eingezogen und wieder war das scharfe Knacken zu hören, als der Knopf über den Flur geflitscht wurde.

Im Flügel herrschte Totenstille, jedes Ohr horchte auf den kleinsten verräterischen Laut.

»Wie ist's jetzt, Brian?«

»Zu kurz«, kam die angespannte Antwort.

Wieder wurde die Schnur eingeholt. Der dritte Versuch war zu hart und der Knopf prallte von der Tür ab. Ein weiterer Versuch mußte gemacht werden. Das vierte scharfe Knacken erklang.

»Und jetzt?« kam die nervöse Stimme des Flitschers. Der ganze Flügel lauschte gebannt.

»Laß es so liegen«, kam die erregte Antwort.

»Komm jetzt mit deinem Papier, Gerard«, befahl der Dirigierer.

Das Papier knisterte, als es unter der Tür durchrutschte.

»Mehr nach links, Gerard«, kam die Anweisung. »Noch sechs Zentimeter. Ja, so. Laß es da liegen. Schieb es jetzt so weit wie du kannst. Nein, nicht so. Versuch es noch mal.«

Mein Auge schmerzte, weil ich es gegen das Gucklock preßte. Weiterhin herrschte Stille. Niemand wagte ein Wort, nur das Team bei der Arbeit. Wieder knisterte das Papier.

»Schieb es raus, Gerard, ganz langsam. Ja, so! Langsam, langsam! Maith thú, Gerard. Jetzt liegt das Papier unter dem Knopf. Zieh es langsam zurück! Weiter, weiter! Ganz ruhig!«

»Ich hab's!« kam die erfolgverkündende Botschaft.

»Alles klar dahinten, Bobby?«

»Ja. Glaub ich wenigstens, Pat.«

»Zieh die Schnur zu dir rüber, Gerard«, sagte Pat. »Aber zieh nicht zu sehr.«

Die Zigaretten glitten unter der Tür des Flitschers hindurch und über den Flur.

»Ganz ruhig«, sagte der Dirigierer, »oder sie bleiben hängen.«

Alle Zigaretten unterquerten Gerards Tür, bis auf die Letzte, die sich in der Schnur verhedderte.

»Nicht ziehen«, sagte Brian. »Wackel ein bißchen mit der Schnur. So, ja. Jetzt kommt alles wie von selbst. Versuch jetzt mal«, sagte er. Ich konnte eine Sekunde lang einen sich bewegenden Schatten sehen und das Knirschen eines Stiefels hören.

»Bär unterwegs!« rief ich, als er durch mein Gesichtsfeld fuhr.

»Ziehs rein, Gerard!« schrie Brian. Ich hörte ein schlurfendes Geräusch, als der Wärter versuchte, die Schnur zu erwischen. Dann herrschte Stille, gefolgt von den sich entfernenden Schritten des Wärters. Ich konnte sekundenschnell sein Gesicht sehen, als er vorüberkam. Es war ein Fremder.

»Alles klar, Gerard?« sagte Pat.

»Okay, Pat. Ich hab die ganzen Fluppen, aber der Wärter hat den Knopf.«

Jedenfalls waren die Zigaretten in Sicherheit. Der Verlust des Knopfes war keine Katastrophe, aber unter diesen Bedingungen doch eben ein Verlust.

»Okay, Jungs. Auskippen«, sagte der Oberkommandierende. Wir fingen an, den stinkenden Urin unter den Türen hindurch fließen zu lassen. Wenn wir das nicht machten, würden es uns die Wärter als erstes morgen früh abnehmen.

Es ist nicht angenehm, von dem spritzenden Inhalt eines Pißpotts geweckt zu werden! Aber weil heute schon einmal ausgeleert worden war, war nicht mehr viel in den Pötten. Ich arbeitete am Fuße der Tür und versuchte, alles nach draußen zu schaffen. Als ich fertig war, legte ich mich zum Ausruhen auf die Matratze. Ich war völlig außer Atem und schnappte nach Luft, ein Anzeichen für meinen schlechten Gesundheitszustand, dachte ich, wenn ich so leicht erschöpft bin.

Ich lehnte mich zurück und wartete auf die Ankunft des glühenden Dochtes, um meine Zigarette anzünden zu können. Welch ein Glück, daß wir die Fluppen haben, dachte ich. Wenn der Typ ein paar Minuten früher gekommen wäre, hätte er alle erwischt. Seán klopfte an die Wand.

»Okay, Bobby, hier kommt die Errungenschaft.«

Ich wußte, was er meinte und streckte die Hand aus dem Fenster, um die schwingende Schnur zu fassen, an deren Ende der glühende, improvisierte Docht baumelte. Ich zog sie herein und zündete meine Zigarette an.

»Bitte schön, Seán«, rief ich.

»Los«, antwortete er und ich warf ihm die Schnur wieder zu. Er klopfte an die andere Wand, um die Schnur weiterzureichen, und ich legte mich hin, um meine Zigarette zu rauchen. Es war Linderung und Erlösung, zu liegen und etwas zu genießen, ohne fürchten zu müssen, daß die Tür aufgerissen würde. Die Türschlüssel wurden nicht in den H-Blocks aufbewahrt. Die Jungs im anderen Flügel würden jeden fremden Wärter mit Schlüsseln sofort sehen und Alarm geben.

»Bären im Hof«, kam die Warnung, aber es gab keinen wirklichen Anlaß zur Besorgnis, wenn man nicht gerade dabei war, etwas zu einer anderen Zelle hinüberzuwerfen. Die Wärter standen am Ende des Hofes und beschimpften die Jungs da hinten. Ich rauchte meine Zigarette zu Ende und trat dann ans Fenster, um zu sehen, wer sie waren. Sie kamen über den Hof getorkelt, B brüllte und geiferte aus vollstem Halse. Zwei andere begleiteten ihn und versuchten, ihren bescheidenen Anteil daran beizutragen. Sie waren unterwegs zum anderen Flügel. Der IRA-Oberkommandierende befahl allen, zuzuhören, und sofort wurde alles still. Er fragte, ob irgendwer gesehen hätte oder wüßte, was beim Auskippen heute früh und bei der Sache mit Pee Wee O'Donnell passiert wäre. Ich erzählte ihm, was ich durch die Tür gehört und gesehen hatte. Einige andere hatten mehr zu berichten. Dann fragte er, wer beim Zellenwechsel welche Verletzungen davongetragen hätte. Die blutigen Resultate wurden durch die Türen bekannt gegeben.

»Okay«, sagte er, als alle fertig waren. »Sonst noch was?« Damit war der geschäftliche Teil beendet und für das Informationszentrum draußen notiert.

»Gibt's ein scéal, Bobby?« fragten einige, und im Laufe der nächsten fünf Minuten erzählte ich ihnen alles, was ich gehört hatte.

»Ich glaub, das wär's, Jungs«, sagt ich, als ich sicher war, alles herausgebrüllt zu haben.

»Yahoo« und »yahoo« und Jubel folgte. Dann wurden die Unterhaltungen an Fenster, Rohren und Türen wieder aufgenommen, bei denen jede kleinste Neuigkeit diskutiert, debattiert und hinterfragt wurde. Ein gutes scéal war von großer Bedeutung. Vom anderen Flügel kamen über den Hof hinüber Berichte zu den Jungs, deren Fenster blockiert waren. Sie erzählten, was heute in den beiden anderen Flügeln des Blockes passiert war. Aus jedem Flügel war einer zu den Strafzellen gebracht worden. Einer war sehr schlimm zusammengeschlagen, sechs Zellen ausgespült worden. Die täglichen Schreckensmeldungen strömten herein. Der Gestank auf dem Flur war ekelerregend. Ich stand auf und ging ans Fenster, um etwas frische Luft zu schnappen. Der Schnee glitzerte im Leuchten der vielen Lichter, und der Wind trug den Lärm von Rufen und Singen aus den anderen Blocks, in denen Blanketmen saßen, zu uns herüber. Hunderte von nackten, körperlich ruinierten Männern waren zum Leben erwacht. Jetzt war es bitter kalt. Ich wickelte alle Decken um mich und legte das Handtuch wieder wie einen Schal um meinen Kopf. Die Jungs tauschten Zurufe aus, Botschaften wurden hin und her übermittelt und aus den anderen Blocks wurden die Schreckensmeldungen gerufen. Mehrere Männer waren beim Zellenwechsel schlimm verprügelt worden. Zwei waren in die Strafzellen gebracht worden. In einem anderen Flügel waren drei verbrüht und zwei andere beim Rückweg von ihren Besuchen mit Tabak erwischt worden. Ein Mann, der aus den Strafzellen zurückgekehrt war, berichtete, dort verprügelt und zwangsgebadet worden zu sein, wie auch die anderen, die dort hingebracht wurden. Pee Wee O'Donnell hatten sie ins Krankenhaus eingeliefert, die anderen waren übel zugerichtet.

»Hast du das gehört, Seán?« fragte ich.

»Ich habe es gehört, Bobby«, antwortete er. Die Schreckensmeldungen dauerten an: Vierundvierzig aus einem anderen Flügel waren verprügelt, gebadet und auf dem Kopf rasiert worden; zwei befanden sich im Krankenhaus und von zwei weiteren war nichts bekannt, vermutlich lagen sie in den Strafzellen. Die Berichte, in irischer Sprache, gingen weiter. H 5 erzählte H 3, daß bei einer Auskippaktion mehrere Männer von den Wärtern verletzt worden waren und daß einer in die Strafzellen gebracht worden war. H 3 hatte sechs neue Blanketmen bekommen, die am Tag zuvor verurteilt worden waren. Die Rufe dauerten an. Zwischen den einzelnen Blocks lag keine unbeträchtliche Entfernung, aber unsere Rufe hallten wider und wurden in der Nacht über Schnee, graues Holz und Stacheldraht getragen. Mehrere Botschaften mußten wiederholt und einige Wörter buchstabiert werden, ehe man sie verstanden hatte. Mit etwas Ausdauer und Geduld funktionierte das Kommunikationssystem. Doch das würde aufhören, wenn erst alle Fenster vernagelt sind.

»Lichter aus!« rief jemand auf der anderen Seite des Flügels. Die Wärter löschten die Lichter. Mitten in der Nacht werden sie sie höchstwahrscheinlich wieder anschalten; aber bei dieser Kälte werden wir sowieso nicht viel schlafen können, dachte ich, als mein Licht an die Reihe kam. Ich klopfte an Seáns Wand.

»Hallo«, sagte er.

»Hol die Errungenschaft her«, sagte ich.

»Maith thú«, erwiderte er und ließ die Schnur mit dem improvisierten Docht kommen.

»Hörst du zu, Seán?« fragte ich und fügte hinzu: »Ich werf dir eine Fluppe rüber, wenn ich die Schnur zurückschicke. Okay?«

»Maith thú«, erwiderte er abermals.

Die Schnur kam bei Seáns Zelle an, und er warf sie zu mir herüber, woraufhin ich die zweite Zigarette anzündete, die andere an die Schnur band und ihm zurückwarf.

»Okay, Kamerad?«

»Alles klar«, antwortete er.

Ich setze mich wieder. Ich überlegte, daß sich das Risiko gelohnt hatte. Der Rauch strömte im Dämmerlicht nach oben und zum Fenster hinaus, und einige Minuten lang überdeckte das Tabakaroma wieder den Gestank. Es war sehr kalt. Armer Pee Wee, dachte ich, liegt im Gefängniskrankenhaus oder sogar in Musgrave.[18] Die anderen in den Strafzellen waren wohl zerschlagen und wund. Ich fühlte mich auch nicht überragend. Meine Wunden vom Morgen schmerzten mehr und mehr, aber ich wußte, daß es mir wesentlich besser ging als den Jungs in den Strafzellen. Ich betrachtete, wie die gerötete Asche meiner Zigarette auf dem schwarzen Boden starb, stand auf und ging wieder hin und her, wobei ich eine der Decken auf den Boden legte.

»Bären im Hof!« kam die Nachricht aus einem anderen Block. Es war jetzt wirklich kalt, auf dem Hof lag der Schnee höher und fiel weiterhin stetig. Ich fragte mich, was die Folterknechte jetzt wohl machten. A saß höchstwahrscheinlich mit seinen Söldnerfreunden und den Britensoldaten im Wärterclub im Camp und trank; C und D waren zu Hause bei ihren Familien und ich überlegte, was sie sagen würden, wenn die Kinder fragten: »Was hast du heute gemacht, Papa?« Oder, noch besser, was würden ihre Frauen und Kinder sagen, wenn sie wüßten, wieviel Leid, Kummer und Qual der Papa hunderten von nackten Männern auferlegte?

Ich schritt weiter in meinen endlosen Runden nach nirgendwo. Die Jungs redeten und scherzten noch, ein oder zwei sangen oder summten sich eins. Ich wollte mich gerade wieder auf meine Matratze setzen, als die Warnung erklang:

»Bären unterwegs. Schwer gerüstet!«

Ich wußte genau, was das bedeutete. Ich schnappte die Matratze und stellte sie längs, in der von der Tür entferntesten

---

[18] Musgrave Park Hospital: ein spezielles Krankenhaus für Sträflinge

Ecke, gegen die Wand, legte alle Decken dahinter, wickelte mir das Handtuch um den Leib, vergaß die Kälte und barg die Reste meines Tabakpäckchens im Handtuch. Ich hörte das erste Klatschen von aufgepeitschter Flüssigkeit in der Zelle gegenüber.

Schwer gerüstet, in der Tat! Ich konnte es schon riechen: Ein Reinigungsmittel auf Ammoniakbasis, ein sehr starkes und gefährliches Desinfektionsmittel. Die Wärter gossen es unter den Türen hindurch und durch die Spalten neben den Türen. Ich wagte einen schnellen Blick aus meinem Gucklöchlein, als die Lichter im Flur angemacht wurden. Das war sehr töricht und gefährlich, denn wenn ich das Desinfektionsmittel in die Augen bekäme, würde es meine Augen verbrennen und ich würde in Sekundenschnelle erblinden. B kippte einen ganzen Eimer der ekelhaften Flüssigkeit unter der Tür gegenüber hindurch, und rief den anderen Wärtern zu, sie sollten sich beeilen und mehr holen. Ich hörte das Würgen und Husten des Mannes gegenüber. Die Jungs auf der anderen Seite des Flügels hatten Probleme. Ihre Fenster waren blockiert. Die Dämpfe des Desinfektionsmittels waren ähnlich wie Tränengas, sie brannten in Augen und Hals, verursachten Brechreiz und vorübergehende Erblindung. Ich hörte, wie der Schlauch am Endes des Flügels entrollt wurde.

»Schlauch unterwegs«, schrie ich, und trat von der Tür zurück. B kippte das Desinfektionsmittel wie ein Verrückter unter den Türen hindurch. Er trug eine kleine Gesichtsmaske, die ihn vor den Dämpfen schützte, und er und seine Gefährten waren zweifellos in ihre blauen Plastikoveralls gekleidet. Der Schlauch erbarst zum Leben und die donnernden Strahlen prallten gegen die Türen. Ich hörte ein Sausen und sah die grünliche Flüssigkeit unter der Tür hindurch fluten. Sofort trafen mich die schrecklichen Dämpfe, und ich begann zu husten und prusten, meine Augen tränten, als ich zum Fenster stürzte. Mein Magen drehte sich um, und ich dachte, ich müßte mich gleich übergeben, als ich am Fenster meinen Kopf gegen die Betonstäbe preßte und nach Luft rang. Alle standen jetzt wohl hustend an ihren

Fenstern. Mit dem unter Hochdruck stehenden brausenden Schlauch im Hintergrund konnte ich außer diesem Husten nichts hören. Meine Tränen behinderten mich. Ich konnte nichts sehen. Dann strömte das Wasser um die Tür herum herein und überflutete den Boden. Es war mir scheißegal. Ich war erschöpft und hustete, mein Hals war ausgetrocknet und brannte. Das Wasser würde das Desinfektionsmittel auflösen, das wußte ich. Aber es würde einige Minuten dauern, bis sich die Dämpfe verzogen hätten. Noch immer strömte das Wasser unter der Tür herein, dann versiegte es, als der Wärter zur nächsten Zelle ging. Ich hustete und würgte noch immer, aber die Dämpfe verzogen sich langsam. Ich konnte hören, wie Seán sich gewaltig übergab. Der ganze Flügel war erfüllt von Stöhnen und Husten. B brüllte: »Na, wie gefällt euch das? Na, wie gefällt euch das?« Dann sang er das einzige Lied, das er kannte: The sash.

Die Wärter stellten den Schlauch ab. Ich wagte mich an den Türspion und sah, wie B durch den Fluß aus Wasser, Desinfektionsmittel und Urin watete, in der einen Hand seine Maske, in der anderen einen leeren Eimer. Er lachte wie ein Irrer. Der andere Wärter ging hinter ihm und zerrte den zusammengefallenen Schlauch, während der dritte am Ende des Flügels Obszönitäten und Schimpfwörter schrie. Meine Augen brannten noch immer, aber es ging mir nicht allzu schlecht. In den anderen Zellen wurde noch immer gehustet. Auf dem Boden standen mindestens drei cm Wasser, ein Ende meiner Matratze war davon überflutet, aber die Decken waren sicher auf den Rohren verstaut. Ich begann die lange, erschöpfende Arbeit, nach besten Kräften den Ozean unter der Tür hinauszuwischen.

»Alles klar, Seán«, rief ich.

»Nein! Ich bin völlig kaputt!« antwortete er. Das Husten in den anderen Zellen verstummte und wurde vom Lärm der kratzenden Pötte ersetzt, als die Operation »Trockenmachen« begann. Der stinkende, verrottende Abfall schwamm um meine Füße herum und verstopfte auch die kleinste Ritze neben meiner Tür. Ich mußte mit der Hand saubermachen, und hob Händevoll von nassem Brot und Dreck hoch und warf sie in die Ecke zurück. Der Wasserpegel begann zu sinken. Die Dämpfe der Desinfektionsmittel hingen noch immer in der Luft, waren jetzt aber milder. Ich blickte zum Fenster. Ein heftiges Schneetreiben hatte eingesetzt, und ein sanfter Wind führte die Schneeflocken genau zu meinem Fenster.

Lieber Gott, dachte ich, was wird wohl das nächste sein? Meine Füße waren taub und triefnaß, aber mein erschöpfter Körper schwitzte, als ich meine Arbeit fortsetzte. Als ich das meiste Wasser draußen hatte, nahm ich die Matratze und versuchte, das Wasser aus dem durchtränkten Teil zu wringen. Dann riß ich ein Stück ab und begann, die übriggebliebenen Pfützen auf dem Boden aufzuwischen; das triefnasse Ende der Matratze lehnte ich gegen die Rohre, in der Hoffnung, daß es trocknen würde. Ich schaute abermals zum Türspion hinaus und betrachtete den Fluß aus Urin und Dreck, der wie ein See draußen lag. Mitten in der Nacht würden sie ihn mit der Reinigungsmaschine auftrocknen. Ich warf das feuchte Stück Schaumgummi in die Ecke und trat zum Luftholen ans Fenster. Ich war erschöpft, konnte aber nicht zu lange auf dem eiskalten Boden stehenbleiben. Immer noch wehten Schneeflocken zum Fenster herein. Immer noch hatte ich nur das Handtuch um mich gewickelt, und deshalb holte ich wieder die Decken hervor. Der Boden war weiterhin feucht und glitschig. Ich hatte keine andere Wahl, als die Matratze daraufzulegen, obwohl ich wußte, daß die Feuchtigkeit in das Schaumgummi einsickern und meinen Körper angreifen würde. Aber entweder das oder die ganze Nacht hin und her laufen, und das würde ich nicht aushalten. Eine lange, eiskalte, ruhelose Nacht stand mir bevor. Ich hörte, wie die Jungs an den Fenstern ihre Notlagen beschrieben. Bei einigen waren die Matratzen vollständig durchnäßt. Bei anderen waren es die Decken. Mich hatte es nicht ganz so schlimm erwischt. Zumindest war nur der untere Teil meines Bettes naß.

Der Lärm war verstummt und Matratzen und Decken wurden getrocknet, so gut es ging. »Hat jemand Lust auf ein bißchen Singen?« lautete die vertraute Frage. Nachdem, was gerade passiert war, mußten wir unsere Moral irgendwie stärken, und schließlich würde jeder sich bewegen müssen. Gedämpfter Jubel erhob sich und der erste Sänger wurde mit tosendem Applaus begrüßt. Ich lief hin und her und hörte den ersten Sänger und »The old alarm clock«. Der nächste Sänger kam aus Derry. Er sang »My old home town on the Foyle«, und danach traten die Sänger an ihre Türen in der Reihenfolge, in der sie aufgerufen wurden. Dann war ich an der Reihe und wagte mich an die Tür, zu meiner Version von »The curragh of Kildare«, und wartete beim Singen die ganze Zeit auf B, der unbeobachtet zurückkommen und mir durch den Spalt neben der Tür einen Eimer Desinfektionsmittel ins Gesicht kippen könnte. Ich beendete mein Lied, etwas atemlos, erhielt meinen Applaus und nahm meine Wanderung wieder auf, als der nächste Sänger aufgerufen wurde. Meine Füße waren taub. Der Fußboden war kaum trockener geworden und immer noch glitschig. Ich konnte nicht mehr gehen, warf meine Matratze wieder auf den Boden und kauerte mich auf eine Ecke des trockenen Teils. Meine Schrammen vom Zellenwechsel und von den Durchsuchungen vor und nach dem Besuch schmerzten immer noch.

Ich fühlte mich versucht, noch eine Zigarette für Seán und mich zu drehen, entschied mich aber dagegen, denn ich wußte, ich könnte je eine Fluppe für zwei Mann herstellen und morgen abend herumschicken, was allen höchst willkommen sein würde. Das Singen wurde fortgesetzt. Es unterbrach die Eintönigkeit und die spannungsgeladene Atmosphäre und lenkte für einige Minuten von Umgebung und Lage ab. Für B's Rückkehr gab es keine Anzeichen. Vermutlich lag er in der Messe auf dem Rücken oder kippte irgendwo noch mehr Alkohol in sich hinein. Irgendwer sang ein sehr gutes selbstgeschriebenes Lied über die Blanketmen. Dann begann einer mit »Ashtown Road«. Totenstille breitete sich im Flügel aus, und ich zitterte leicht und lauschte auf jede Note und jedes Wort des wunderschönen, traurigen Gesanges. Ich spürte, wie mein Mut stieg und freute mich einmal mehr über meinen Widerstand. Lieber im Widerstand leiden als ohne Gegenwehr gefoltert werden. Der Sänger verstummte und die Jungs ließen beinahe das Dach hochhüpfen. Der Zeremonienmeister trug demselben Sänger auf, das letzte Lied zu singen, und er wählte »The wind that shakes the barley«.

Noch immer wehte der Schnee durch das glaslose Fenster herein, und das erinnerte mich an die Nacht, in der wir die Scheiben mit den bloßen Händen zertrümmert hatten, weil die Wärter literweise Desinfektionsmittel durch die Tür gekippt hatten. Die Jungs gegenüber müssen heute Nacht übel dran gewesen sein. Ich hatte gehört, wie sie die blockierten Fenster verfluchten, als B bei ihren Türen angekommen war.

Der Sänger hatte das letzte Lied des Abends vollendet, und jeder spendete eifrig Beifall. Es wurde noch etwas geklönt, und von gegenüber leitete jemand eine Botschaft in irischer Sprache aus dem anderen Flügel weiter, die dem Oberkommandierenden übermittelt wurde. Jemand im anderen Flügel war sehr krank. Sie hatten geschellt, aber die Wärter hatten die Notklingel abgestellt und den Kranken ignoriert.

Die Mutter eines anderen war gestern gestorben, und ihm war Urlaub auf Ehrenwort verweigert worden, wie allen anderen, die vor ihm in dieser traurigen Lage gewesen waren.

Ich stellte mich auf die Matratze und blickte wieder aus dem Fenster. Eine dicke Eisschicht lag auf dem Draht, und das erinnerte mich an das Innere eines Kühlschrankes. Einige sagten einander Gute Nacht; andere meinten, sie würden so lange zu gehen versuchen, wie ihre Matratzen triefnaß wären. Nur wenige unterhielten sich weiter durch die Fenster. Seán klopfte an die Wand.

»Oíche mhaith[19], Bobby«, rief er.

»Oíche mhaith, Seán«, antwortete ich und fügte hinzu: »Ist deine Matratze naß?«

»Ach, es geht«, antwortete er. »Ich werde versuchen, unter den Decken warm zu werden.«

»Mhaith thú. Oíche mhaith, a chara[20]«, sagte ich.

»Oíche mhaith«, rief er noch einmal.

Es fiel kein Schnee mehr und eine sanfte Brise wehte. Die einst glatte unbefleckte Oberfläche des Schnees war von den Fußspuren der Wärter versehrt. Die weißen flauschigen Schneewolken hatten den Himmel im Stich gelassen und die tintenschwarze Farbe war zurückgekehrt, hier und da blinkten ein paar Sterne. Die meisten Menschen sind jetzt wohl im Bett, dachte ich. Wie würden sie sich wohl fühlen, wenn sie morgen in demselben erwachen müßten wie wir? Ist es denn ein Wunder, fragte ich mich, daß ich in den letzten Wochen mehrere Alpträume gehabt habe, und daß jeder mit diesem Höllenloch in Verbindung gestanden hat? Lieber Gott, wo soll das alles enden? Es ist schlimm, wenn man nicht einmal im Schlaf entfliehen kann, dachte ich.

Der Lärm in den anderen Blocks war völlig verstummt, und die, die an den Fenstern geblieben waren, legten sich entweder schlafen oder blieben auf, weil ihre Matratzen unbenutzbar waren. Es war sehr still. Der Schnee glitzerte und glänzte, als die vielfarbigen funkelnden Lichter von ihm reflektiert wurden. Eine Bachstelze schrie im Vorüberflug in die Dunkelheit. Der Scheinwerfer eines schwebenden Hubschraubers tanzte weit weg im schwarzen Himmelsozean, und ich fragte mich, ob es meiner Familie gutginge. Sie würde sich im Laufe des kommenden Monats schreckliche Sorgen machen. Es war ein harter Tag gewesen, aber das war schließlich jeder Tag, und nur Gott wußte,

---

[19] Oíche mhaith: »Gute Nacht«
[20] A chara: Vokativ von cara, »Freund«

was noch kommen würde. Welche Unglücksraben würden morgen die zerschlagenen blutigen Körper für die Strafzellen liefern müssen? Wer würde bei einem Zellenwechsel abgespült, verprügelt oder zerschunden werden? Der morgige Tag würde nur noch mehr Schmerzen, Qual und Leid, Langeweile und Angst und Gott weiß wie viele Demütigungen, Unmenschlichkeiten und Schrecken bringen. Finsternis und Eiseskälte, ein leerer Magen und die vier schreienden Wände eines verdreckten Alptraumgrabes, die mich an mein Elend erinnerten, das stand morgen hunderten von nackten republikanischen Kriegsgefangenen bevor, aber wenn auch unbestreitbar war, daß der nächste Tag voller Folter sein würde, so stand gleichfalls fest, daß wir ungebrochen weitermachen würden. Es ist hart, sehr, sehr hart, dachte ich, als ich mich auf meine feuchte Matratze legte und meine Decken um mich wickelte. Aber eines Tages würde der Sieg unser sein, und kein Ire und keine Irin würden mehr in einem englischen Höllenloch verkommen müssen.

Es war kalt, schrecklich kalt. Ich rollte mich auf die Seite, steckte mein wertvolles Stück Tabak unter die Matratze und fühlte, wie die Feuchtigkeit meine Füße umklammerte.

Einen Tag dem Sieg näher gerückt, dachte ich, und fühlte mich sehr hungrig.

Im Vergleich zu früher war ich ein Skelett, aber das war egal. Eigentlich war alles egal, mit Ausnahme des Ungebrochen-Bleibens. Ich rollte mich abermals auf die Seite, die Kälte tat mir weh. In ihrem gesamten Empire-Arsenal haben sie nichts, um einen einzigen republikanischen politischen Kriegsgefangenen zu brechen, wenn er oder sie sich weigert, dachte ich und hatte recht. Sie können uns niemals brechen. Frierend drehte ich mich wieder um, und der Schnee wehte durch das Fenster auf meine Decken.

»Tiocfaidh ár lá«, sagte ich zu mir, »tiocfaidh ár lá.«

Moderne irische Literatur –
Danny Morrisons Romane

Danny Morrison
Der falsche Mann
unrast roman 7

ca. 240 Seiten, 29,80 DM, ISBN 3-928300-73-3

Außergewöhnlich spannend plaziert Morrison seinen neusten Roman in das organisatorische Innenleben der IRA. Zentrale Themen des Romans sind Gewalt, Schuld und Unschuld, Treue und Verrat im blutigen Bürgerkrieg

Danny Morrison
Auf dem Rücken der Schwalbe
unrast roman 5

249 Seiten, engl. Broschur
29.80 DM/sFr - 233 öS
ISBN 3-928300-43-1

„*Das Manuskript seines zweiten Buches hatte Danny Morrison 1995 aus dem Gefängnis mitgebracht: ein einfühlsamer Roman über einen Schwulen, der an dem Rigorismus seiner Familie und der katholischen Kirche zerbricht.*"

Marianne Quoirin, Kölner Stadt Anzeiger

Danny Morrison
West Belfast
unrast roman 1

ca. 300 S., Taschenbuchformat
ca. 20 DM/sFr - 155 öS, ISBN 3-928300-74-1

Es sind die Tage, in denen die 'troubles' in Nord-Irland begannen – eine Zeit der politischen Weichenstellungen und persönlichen Entscheidungen...

„*Die Erinnerungen an jene Jahre, als Nordirland in Terror und Gewalt unterzugehen drohte, hat sich Morrison in seinem ersten Roman 'West Belfast' von der Seele geschrieben: eine Lektüre, die ungeahnte Einsichten in das Lebensgefühl eines irischen Gettos gewährt.*"

Marianne Quoirin, Kölner Stadt Anzeiger

Irische Geschichte und Politik

T. Ryle Dwyer
Michael Collins
Biografie
256 Seiten, gebunden
24,80 DM/sfr – 194 öS
ISBN 3-928300-62-8

Dieses Buch erzählt die Geschichte eines charismatischen Rebellen, der im irischen Unabhängigkeitskampf die Moral der Briten untergrub und die Menschen mit realen und erfundenen Heldentaten inspirierte. Collins, der bereits 1916 am legendären Osteraufstand in Dublin teilgenommen hatte, koordinierte 1918 die Kampagne, die zu dem erdrutschartigen Wahlsieg von Sinn Féin führte, war wesentlich am Aufbau und der Organisierung der IRA beteiligt, konstruierte das erste moderne militärische Spionagesystem, war der führende Kopf hinter einer ganzen Serie von Gefängnisausbrüchen politischer Weggefährten. 1922 wurde der damals 31-jährige in einem Hinterhalt von politischen Gegnern ermordet.

Michael Collins war der Prototyp des modernen Stadtguerilleros und der eigentliche Architekt des Unabhängigkeitskrieges gegen die britische Besatzung, dessen bewegtes Leben im politischen Untergrund jetzt von Neil Jordan verfilmt wurde.

Alexander Somerville
Irlands großer Hunger
Briefe und Reportagen aus Irland während der Hungersnot 1847
337 Seiten, 39,80 DM, ISBN 3-928300-42-3

Während der als *The Great Famine* in die Geschichte Irlands eingegangen Hungerkatastrophe, die zwischen 1845 und 1851 mehr als 1,5 Mio. Tote forderte, bereiste der Schotte *Alexander Somerville* das Land als Journalist. Von dort schrieb er enthüllende Zeitungsreportagen, in denen er den britischen Rassismus enttarnt, die Gleichgültigkeit der Londoner Regierung und die Maßlosigkeit britischer Lebensmittelexporteure anprangert.